LES
BERGERIES
DE
Mre HONORAT
DE BVEIL, CHEVALIER
SIEVR DE RACAN.

DEDIEES
AV ROY.

A PARIS,
Chez TOVSSAINCT DV BRAY, ruë sainct
Iacques, aux Espics meurs.

_____

M. DC. XXV.
AVEC PRIVILEGE DV ROY.

AV ROY.

IRE,

Ces Bergers qui vont
faire le tour du monde
ſous la conduite des Muſes, craindroient
auecque raiſon qu'ils ne fuſſent accuſez
de peu de iugement, d'aller ſi loing voir
les merueilles de la nature, & n'en voir
point vne dont ils ſont ſi pres. C'eſt voſtrê
Majeſté, SIRE, de qui i'entends parler:
Qui conſiderera les rares vertus que l'oh

voit paroiftre en toutes fes actions, n'a-
uoüera t'il pas que les plus celebres peuples de la terre n'ont iamais veu de merites qui fe puiffent egaler aux voftres ? &
que tous ces grands hommes des fiecles
paffez qui feruent à celuy-cy d'exemple,
ne vous ont precedé que du temps. Noftre repos eft fi vniuerfel, vos loix fi bien,
maintenuës, & tous vos confeils ont de fi
glorieux eueneméts, que voftre prudence
n'eft pas plus admiree desMiniftres de voftre eftat que des moindres de vos fujects:
ny voftre nom plus cognu desFráçois que
des nations les plus éloignées. Pour moy
quand ie me remets deuant les yeux les
memorables auantures que vous auez fi
heureufement acheuées ; ie m'imagine
que fi elles font efcrites fidelement la po-
fterité croira que ce foit pluftoft vn Ro-
man, qu'vne Hiftoire; & que l'on a choi-
fi ce qu'il y auoit de plus beau dans les
vies de tous les autres Princes, pour en fai-

re vne qui seruit de modelle à ceux qui re-
gneront apres vous, les premieres espe-
rances que vostre enfance nous donna,
furent telles quelles eurent presque le
pouuoir de nous faire oublier dés l'heure
la perte que nous venions de faire de
Henry le Grand ; ou pluſtoſt nous faire
croire que nous n'auions rien perdu, &
que toutes les excellantes qualitez que
nous regretions en luy eſtoient deſia reſ-
ſuſcitees en vous. quand nous poſſedions
ce genereux Monarque, nous diſions que
la bonne fortune de la Frāce eſtoit en ſon
periode, & que ne pouuant monter plus
haut, il falloit de neceſſité qu'elle allaſt
deſormais en diminuant: mais apres vous
auoir veu faire en vos plus ieunes années
ce qu'il n'a faict qu'apres eſtre vielly dans
les armes & dans les affaires, nous eſti-
mós auecque plus de raiſon, pouuoir faire le meſme iugement de voſtre regne
que nous faiſions du ſien, & diſons que

s'il y a vne borne à la gloire de ce Royaume, ce ne peut eſtre que ſoubs vous qu'elle ſe doit trouuer. Ie ſçay bien, S I R E, que
voſtre modeſtie nous deffend d'éleuer
vos loüanges au deſſus de celles du feu
Roy voſtre pere; mais pardonnez s'il vous
plaiſt à ma liberté, ſi ie vous dis qu'en ce
ſeul point nous vous ferons touſiours de-
ſobeïſſants : c'eſt vne verité ſi cogneuë
qu'elle n'eſt pas meſme ignorée dans les
cabanes de ces pauures Bergers, & c'eſt ce
qui leur a faict naiſtre le deſir de voir celuy dont la renommée les auoit ſi ſouuent entretenus, & de vous aſſeurer qu'ils
iront en tant de lieux publier les douceurs
de voſtre Empire, qu'ils feront enuie à
tous les peuples du monde d'y venir garder leurs troupeaux : & aux Roys meſme
dy changer leurs Sceptres en houlettes, ce
ſera lors, S I R E, que ie n'auray plus d'autres demandes à faire à Dieu, que de nous
conſeruer ce que vous nous aurez acquis

ny d'autres graces à luy rendre que de
m'auoir faict naistre

SIRE,

Voftre tres-humble tres obeyffant
& tres-fidele fuject & feruiteur,

RACAN.

á iiij

ODE
AV ROY.

Par Monsieur de Racan.

Ictorieuses des années,
Nymphes dont les inuentions
Tirent des mains des Destinées
Les memorables actions,
Si iadis aux riues de Loire
Vous auez recité l'histoire
De mes incurables douleurs :
Quittez ceste inutile peine,
Aussi bien ma belle inhumaine
Ne faict que rire de mes pleurs.

Faictes, Deesses, que ma lire,
Traisnant les rochers apres soy,
Aux deux bouts du monde aille dire
Des chansons dignes de mon Roy,
Tous les veritables Oracles
Nous promettent que les miracles

ODE AV ROY

De son courage ambitieux,
Feront tant bruire son tonnerre,
Qu'vn iour il sera sur la terre
Ce qu'est Iupiter dans les Cieux.

Dés son Printemps chacun s'estonne
De la sagesse de ses mœurs,
Et iuge qu'auant son Automne
Il produira des fruicts tous murs:
Fist-il pas voir à ses armees,
D'iniuste colerre animées,
Que rien ne pouuoit l'empescher
De leur faire mordre la pouldre,
Et qu'il a sceu ietter le foudre
Aussi-tost qu'il a sceu marcher.

Desia la Discorde enragee
Sortoit des gouffres de l'Enfer,
Desia la France rauagée
Reuoyoit le siecle de fer,
Et desia toutes les furies
Renouuellant leur barbaries
Rendoient les vices triomphans
Par vne impieté si noire,
Que la nuict mesme n'eust peu croire
Auoir produit de tels Enfans.

Toutesfois nos rages ciuiles

ODE AV ROY.

Ont trompé l'espoir des meschants,
La Paix rend la pompe en nos villes,
Et l'abondance dans nos champs :
Et maintenant qu'en asseurance
Il conduit la nef de la France,
Et que les plaisirs ont leur tour,
Ses yeux qui pour venger nos l'armes
S'armoient d'éclairs dans les alarmes,
Sont armez d'attraicts pour l'amour.

Cette belle Nymphe du Tage,
Pour qui nous fismes tant de vœux,
Tient ce miracle de cet âge,
Dans les chaisnes de ses cheueux :
Les Graces dont elle est suiuie
La font admirer de l'enuie,
Tous les mortels sont éblouys
D'y voir tant de flames paroistre,
Aussi les Dieux l'auoient faict naistre
Pour Iupiter, où pour LOVYS.

Roy dont le pouuoir indomptable,
Et des Loix le ferme soustien,
Aux meschans aussi redoutable,
Comme agreable aux gens de bien,
Quel Hymne en la bouche des Anges
Pourra celebrer vos loüanges
Si l'Vniuers dans sa rondeur

DE Mr. DE RACCAN.

N'a rien digne de vos merites,
Et si le Ciel dans ses limites
N'en peut limiter la grandeur.

Ce grand HENRY, dont la Memoire,
A triumphé du monument,
Est maintenant comblé de gloire
Sur les voûtes du Firmament,
La nuict pour luy n'a plus de voiles,
Il marche dessus les estoiles,
Il boit dans la coupe des Dieux,
Et voit soubs ses pieds les tempestes
Vanger sus nos coulpables testes
La iuste colere des Cieux.

Mais quoy que ce Roy considere,
De tout ce qui voit aux deux bouts
De l'vn & de l'autre Hemisphere,
Il ne voit rien d'egal à vous,
Aussi combien qu'apres sa vie
Son Ame d'honneur assouuie
Possede ce bon-heur entier,
Qu'à ces vertus le Ciel octroye,
Il n'a point de si grande ioye
Que d'auoir vn tel heritier.

Il voit dans les choses futures,
Qui sont presentes à ses yeux,

Les glorieuses aduantures,
De vos exploits laborieux,
Il voit desia les Citadelles
Que defendent les infideles,
Cacher sous l'herbe leur sommet,
Et dans Bisance reconquise
Les Fleurs de Lys, venger l'Eglise
Des blasphemes de Mahomet

O que lors dans ses deux riuages
Le Nil oira nos combatans
Faire iour & nuict des rauages
Dans les Prouinces des Sultans,
Que Biserte dans ses murailles
Verra faire de funerailles,
Et que de Peuples déconfis
Pleureront leurs maisons superbes,
Quand l'on moissonnera les gerbes
Sur les ruines de Memphis.

A LVY-MESME.

SONNET.

PRince l'estonnement des ames & des yeux,
  Que le Ciel mesme voit auecque reuerence
Quoy que fassent de grand vos trauaux glorieux
Ils ne peuuent iamais passer nostre esperance.

  Ie sçay que vostre bras fatal aux factieux,
Et par qui cet Estat repose en asseurance,
Auant que l'on vous mette au rang des autres Dieux,
Doit borner l'Vniuers des bornes de la France.

  Mais bien que ce bon-heur ne soit promis qu'à vous,
Depeschez braue Roy d'aller en ces deux bouts,
Les armes à la main vous faire recognoistre.

  De peur que vos bontez qu'on oit par tout vanter,
Luy faisant desirer de vous auoir pour maistre
Ne vous aillent rauir l'honneur de le domter.

A MONSIEVR DE RACAN.

EPIGRAME.

CES Bergers ont si bien parlé
Que mon esprit les idolatre ;
Rome n'a iamais estalé
Tant d'ornements sur le theatre :
Miraculeux pere des Vers,
Grand RACAN , fais que l'Vniuers
Puisse lire vne œuure si belle,
Donne luy ce rare entretien,
Ta gloire ne doit craindre rien,
Balzac & Maynard sont pour elle.

MAYNARD.

LE LIBRAIRE AV
Lecteur.

IL n'a pas esté en ma puissance de retirer la preface de ceste pastoralle de M. de Racan, encore qu'il me l'ait fait voir presque acheuee;mais ayant esté contrainct d'en faire a la haste l'argument) parce qu'vn de ses amis qu'il luy auoit promis de le faire est tombé malade sur le point qu'elle sçacheuoit d'imprimer) i'ay creu qu'il valoit mieux, pour ne vous faire point attendre d'auantage, vous donner la Lettre mesme qu'il escriuoit à M. de Malerbe de chez luy, lors qu'il luy enuoya ceste piece pour la mettre sous la presse. Vous y verrez à mon aduis les mesmes choses qu'il eust dites dans la Preface.

DE MONSIEVR DE RACAN,

A

MONSIEVR DE MAL'HERBE,

GENTIL·HOMME ORDINAIRE

de la Chambre du Roy.

ONSIEVR,

Ie vous enuoye ma Paſtourel-
le, non pas tant pour l'eſtime
que i'en fais, que pour celle
que ie fais de vous. Ie ſçay bien que voſtre iugement eſt ſi generalement approuué, que c'eſt renoncer au ſens commun, que d'auoir des opinions contraires
aux voſtres : c'eſt pourquoy ie ſuis d'aduis
que vous la conſideriez vn peu plus exa-
ctement, & que vous ſçachiez les raiſons
qui

qui m'ont iufques icy obligé à luy faire garder la chambre. Auparauant que vous me condamniez de la donner au public, vous me mandez qu'il en court tant de copies mal corectes, qu'il eft à propos que ie me iuftifie des fautes que les mauuais efcriuains ont adiouftees aux miennes, en effect i'auouë que ceft bien affez d'eftre refponfable de mes pechez fans porter la peine de ceux d'autruy ; mais auffi en l'eftat où elle eft, ie ne feray repris que des belles bouches de la Court, de qui les iniures mefmes me font des faueurs, au lieu que fi ie fuiuois voftre côfeil, ie m'abádonnerois à la céfure de tous les Pedás du pays Latin, dont ie ne puis pas feulement fouffrir les loüanges. Vous fçauez qu'il eft malaifé que cefte forte de Vers qui ne font animez que par la reprefentation de plufieurs Acteurs puiffent reuffir à n'eftre leus que d'vne feule perfonne. D'où vient que ce qui femblera excellent fur vn theatre fera trouué ridicule dans vn cabinet.

é

Outre qu'il eſt impoſſible que les grandes pieces puiſſent eſtre pollies comme vne Ode, ou comme vne chanſon. Et s'il y a aucune raiſon qui me diſpenſe des reigles que vous m'auez preſcrittes, ce doit eſtre la multitude des vers qui ſont en cét ouurage. Il eſt plus facile de tenir cent hommes en leur deuoir que dix mille, & n'eſt pas ſi dangereux de nauiguer ſur vne riuiere que ſur l'ocean. Pour en parler ſainement, ie penſe que vous iugerez que ie ſuis autant au deſſoubs de la perfection, comme ie ſuis au deſſus de tous ceux qui m'ont precedé en ce genre de Poëſie, & que parmy ceſte grande confuſion de paroles mal digerées, vous ny trouuerez rien digne d'admiration que de ce qu'vn trauail de ſi longue alaine a eſté entrepris par vn homme de mon meſtier & de mon humeur. Ie ſçay bien que c'eſt aſſez dire qu'on eſt ignorant & pareſſeux à eſcrire, que de dire qu'on faict profeſſion des armes; mais ce n'eſt pas aſſez me cognoi-

ftre, que de croire que ie ne le fuis que
comme l'ordinaire de ceux de ma condition. Ie veux qu'on fçache que ie le fuis
au fupréme degré : & me treuue moy-
mefme tellement eftonné d'vne fi longue nauigation, que i'ay peine à me re-
fouuenir du port d'où ie fuis party. I'ay
faict comme ceux, qui entreprenant vn
baftiment auecque irrefolution, le conti-
nuent fur diuers deffeins : dont les derniers condamnent ce que les premiers
auoient approuué : d'abord ie m'eftois
propofé de me feruir d'vn fujeçt affez cogneu dans la Court : mais les defplaifirs
que ie receus d'vne certaine perfonne qui
euft peu s'en attribuer les plus belles ad-
uentures ; me firent refoudre à changer
les deux premiers actes qui eftoient def-
ja faicts, pluftoft que de luy donner le
contentement de voir l'hiftoire de fes
amours dans mes Vers. Il eft vray que ie
fuis bien aife qu'elle porte le nom d'Artenice, & voudrois eftre capable d'en fai-

re durer la memoire auſſi long temps que
l'amour que i'ay pour elle. Il y a ſi peu de
choſe en ce ſiecle digne de loüanges, que
ie croy que la poſterité ne doit point trouuer mauuais de quoy ie ne l'entretiens que
des folies de ma ieuneſſe, puis que ie n'ay
rien de meilleur à luy dire. C'eſt choſe
eſtrange que ceux qui recherchent l'immortalité au prix de leur ſang & de leurs
veilles, & que celles qui ſe retranchent
des plus doux plaiſirs de la nature pour
s'acquerir la gloire d'eſtre vertueux faſſent
ſi peu de cas de ceux qui la donnent, &
qui ont vne iuriſdiction auſſi abſoluë ſur
la reputation de tout le monde, que celle
des Parlements ſur les biens & ſur les vies,
n'eſt-ce pas faire comme ces gens qui de-
pendent tout ce qu'ils ont à la Court pour
eſſayer d'y faire leur fortune, ſans penſer
à ſe rendre agreables aux Miniſtres de l'E-
ſtat. Vous me direz qu'il ne me faut point
tourmenter de cela ; que ce n'eſt point
à moy à reformer les humeurs du ſiecle,

qui le faut laisser commeil est, & suiure
mon inclination ; i'en suis d'accord auecque vous, & certes ce qui m'a faict esten-
dre si long temps sur ceste matiere est
que ie n'ay point de meilleure occupation
en ma solitude, que de vous entretenir.
I'y iouys d'vn repos aussi calme que celuy
des Anges; i'y suis Roy de mes passiós aussi bien que de mon vilage ; i'y regne paisi-
blement dans vn Royaume qui est vne
fois aussi grand que le Diocese de l'Eues-
que de Bethleam ; & si ie quitterois de
bon cœur ceste Royauté (si mes affaires
me le permettoient)pour auoir l'honneur
de vous gouuerner,& vous dire moy-mesme que ie suis,

MONSIEVR,

Voftre tres-humble seruiteur,
RACAN.

Ce 15. Ianuier 1625. de la
Roche Racan.

ARGVMENT.

RISANTE femme de Silene, ne pouuant nourrir d'enfans, Voüa le premier qu'elle auroit à la bonne Deesse. Au bout de neuf mois elle accoucha d'vne fille qu'elle nomma Artenice, de qui la parfaicte santé fist assez cognoistre que les vœux de sa mere estoient exaucez, & que les Dieux prenoient soin de sa conseruation. A peine sçauoit-elle parler, que son pere luy fist promettre mariage à Lucidas, recogneu pour lors le plus riche Berger du pays; encore qu'il fust sorty d'vn Estranger, qui s'y estoit venu habituer il y auoit quelques années. A mesure qu'elle croissoit ses parents taschoient de la nourrir en ceste affection ; mais la bonne Deesse, qu

ne iugeoit pas que ſe fuſt ſon bien, ſ'appa-
roiſſoit fort ſouuent à elle, & luy defen-
doit de n'en eſpouſer point qui ne fuſt de
ſon pays, & de ſa race. Elle en aduertit
pluſieurs fois ſa mere Criſante, qui n'en
faiſoit point de cas, eſtimant que ſe fuſt
vn artifice pour colorer la repugnance
qu'elle auoit pour Lucidas: mais Artenice ne cognoiſſant que le ſeul Tiſimandre,
qui euſt les qualitez requiſes par la bonne
Deeſſe, s'imagina que c'eſtoit celuy qu'elle luy deſignoit pour mary ; elle fiſt ſe
qu'elle peut pour le rendre amoureux
d'elle, mais ce fut inutilement, il ne pouuoit aymer qu'Ydalie, ny Ydalie qu'Alcidor. Ceſte Bergere eſtoit fille d'vn nommé d'Amoclee, chez qui Alcidor (ieune
Berger incogneu) auoit eſté nourry depuis l'aage de neuf à dix ans qu'il ſi eſtoit
venu retirer ; pour ceſte raiſon il l'aymoit
comme ſa ſœur : mais il n'auoit de l'amour
que pour Artenice : il la ſeruoit auec tant
de ſoings, & auoit de ſi excellentes quali-

tez, qu'il fembloit à cefte ieune Bergere, que la conquefte d'vn tel amant valloit bien la peine de contreuenir a la deffence de la bonne Deeffe; eftimant qu'il ne luy pouuoit arriuer de plus grand malheur que celuy de ne le poffeder point. Du commencement elle fouffroit feulement fa recherche pour le feul plaifir qu'elle prenoit en fa conuerfation ; mais en fin elle fi engagea de telle forte que fon amour parut affez pour donner de la ialoufie à Lucidas, qui pour cet effect eut recours à vn Magicien fon ancien amy nommé Poliftene, il le prie d'employer tous fes fecrets pour diuertir Artenice de cefte nouuelle affection, le confeil du Magicien fut de luy donner du foupçon des familiaritez qui eftoient entre Alcidor & Ydalie; ce qui luy fut facile en adiouftant aux apparences exterieures les artifices que fa magie luy fourniffoit, ils auifent donc enfemble que Lucidas feignant de vouloir rompre l'accord qui eftoit entre luy & Ar-

tenice; tacheroit à mefme temps de luy
faire cognoiftre la faute qu'elle faifoit de
fouftrir la recherche d'Alcidor: qu'il eftoit
accordé auecque Ydalie, qu'ils faifoient
defia les actions de femme & de mary,
quand ils en auoient la liberté, & qu'il of-
friroit de le luy faire voir dans vn miroir
enchanté, fur la promeffe que fon amy
Poliftene luy faifoit de faire paroiftre ce
qu'il voudroit par le moyen de fes demons. Cefte entreprife eft fi dextrement
conduitte, qu'Artenice s'engagea de faire efpreuue de ce charme, feignát neantmoins que ce n'eftoit que par curiofité.
Elle fe trouua donc à l'affignation que luy
donna Lucidas, ou pendant qu'elle l'at-
tendoit, elle trouua Tifimandre (defef-
peré de ce que ny la fidelité, n'y l'obligation, qu'Ydalie luy venoit d'auoir tout
fraifchement, de l'auoir retiree des mains
d'vn fatyre, ne luy auoient de rien profi-
té à radoucir le cœur de cefte ingrate) elle
croit qu'elle ne le pouuoit trouuer plus à

propos, pour luy faire changer d'affection, mais elle y reüffit auffi mal qu'elle
auoit fait par le paffé : Tifimandre ne la
veut point efcouter, & elle defefperee de
paruenir à ce deffein, rencontra Lucidas,
qui la meina en la grotte de Poliftene, où
elle vit dans vn miroir enchanté Alcidor
& Ydalie fe baifer auecque tant de priuautez, qu'elle creut que ce qu'il luy en
auoit dit n'eftoit que trop veritable. Les
deplaifirs qu'elle receut à mefme temps
du mefpris de Tifimandre, & de l'infidelité d'Alcidor, la firent refoudre à fe retirer auecque des filles voüees à Diane ; &
comme elle y alloit elle rencontra (pour
augmenter fon erreur) Alcidor & Ydalie
qui gardoient leurs troupeaux enfemble,
au mefme lieu ou le miroir de Poliftene
les luy auoit reprefentez. Alcidor la voulut aborder de la mefme forte qu'il auoit
accouftumé ; mais il y trouua vn grand
changemét, elle luy reprocha fa déloyau-
té, & fans vouloir entendre fes iuftifica-

tions; luy deffend de la voir iamais, cela le
met tellement au defefpoir, qu'il fe refo-
lut de fe precipiter dans la Seine. Cependant Artenice pour cótinuer fon deffein,
fe retire auecque les filles deuotes, ou Silene fon pere, & d'Amoclee fon oncle, &
pere d'Ydalie, la vont trouuer pour effaïer
a l'en diuertir. Eftant forcee de leur dire le
fujeƈt de fon déplaifir, l'accufation qu'elle
fait contre Ydalie, fait refoudre d'Amoclee de faire paffer fa fille par la rigueur
de la couftume du pays. Il va luy mefme
trouuer le grand Druide Chindonnax,
pour fe rendre tefmoin contr'-elle. Cela
n'interrópit que fort peu le deffein qu'a-
uoit Silene de perfuader à la fienne de reuenir au monde; elle s'en deffendoit opi-
niatrement: mais cóme ils eftoient en cefte difpute, Cleante arriua tout effrayé du
malheur qui venoit d'arriuer, d'vn Berger
qui par defefpoir s'eftoit precipité dans la
riuiere, dont il l'auoit retiré auffi mort
que viuant. Il les pri tous deux de luy ve-

nir rendre les derniers deuoirs, ils y vont,
& trouuent que c'eſt Alcidor, qui pour le
danger qu'il auoit couru, eſtoit en ſi mauuais eſtat, qu'Artenice ne le ſceut voir ſans
en teſmoigner vne ſenſible douleur. Elle
tomba euanouye entre les bras de ſon pere; qui ne la pouuant ſouſtenir à cauſe de
ſon extreme vieilleſſe, ſe laiſſa tomber
auecque elle. Peu de temps apres Alcidor
reprit ſes eſprits, & l'horreur de ce ſpecta-
cle fit tant de pitié au bon homme Silene,
qu'il ſe reſolut de ne ſe plus opoſer au mariage de luy & d'Artenice: de ſorte qu'il
n'y auoit plus rien à ſurmonter, que les
deffences que la bonne Deeſſe luy auoit
faite en ſonge. Pendāt que cela ſe paſſoit,
d'Amoclee continuant ſon deſſein euſt
fait ſacrifier ſa fille Ydalie, ſans le retardement que cauſa Tiſimandre en ſ'offrant
de mourir pour elle; cela donna le temps
à Cleante d'apporter la nouuelle du mariage d'Alcidor, & d'Artenice, qui troubla
tellement Lucidas, que ſans y penſer il

auoüa la fausseté qu'il auoit faite par le
moyen du miroir enchanté de Politene,
& iuftifia Ydalie par fa propre bouche.
Cefte derniere obligation qu'elle eut à
Tifimandre la toucha plus que pas vne, &
la fift refoudre à receuoir fon affection. Il
fembloit qu'il ny auoit plus rien qui s'o-
pofaft au contentement des vns & des autres ; mais comme Silene alloit au temple
accomplir les ceremonies du mariage de
fa fille & d'Alcidor, affifté de fa femme
Crifante & de fon frere d'Amoclee ; Crifante creut eftre obligee de declarer à la
compagnie, comme la bonne Deeffe s'e-
ftoit apparuë a elle la nuict precedente(&
luy auoit dit les mefmes chofes qu'elle
auoit dites plufieurs fois à Artenice) qui
eftoit qu'elle ne vouloit pas qu'elle fuft
mariee qu'à vn qui fuft de fon pays & de
fa race : cela fift changer le deffein de la
marier à Alcidor ; & d'Amoclee voyant
qu'il n'y auoit plus de garçons que le feul
Tifimandre du fang de fa niepce, eftima

que ce feroit vne cruauté de luy ofter
pour le donner à fa fille Ydalie, puis qu'il
eftoit libre de la marier à qui bon luy
fembleroit. Les peres trouuerent donc à
propos de changer les mariages, & de luy
donner Alcidor, & Tifimandre à Artenice, mais il fi trouua tant de repugnance
qu'il fut impoffible d'effectuer cefte pro-
pofition. Alcidor&Tifimandre aymoient
mieux quitter le pays que d'en efpoufer
d'autres que celles qu'ils auoient choifies.
Artenice eftoit tellement defefperee des
mefpris que Tifimandre auoit fait de fon
amitié, qu'elle ne pouuoit pas s'imaginer
qu'il peuft iamais changer d'humeur. Et
Ydalie eftoit fi viuement touchee des
obligations qu'elle auoit à Tifimandre, &
des tefmoignages d'affection qu'il luy
auoit rendus, qu'elle penfoit ne pouuoir
iamais viure heureufe auecque d'autre
qu'auecque luy. Comme toutes ces chofes fe paffoient, furuint le vieil Alcidor,
qui recogneut Alcidor pour l'auoir efle-

ué iufques à l'aage de neuf ou dix ans, depuis qu'il le fauua de la riuiere, qu'il l'a-
uoit apporté dans fon berceau en vn de-
bordement arriué il y auoit dix-neuf ans;
ce bon Vieillard fift voir vn bracelet qu'il
luy auoit pris au bras lors qui le retira de
l'eau, & cefte derniere remarque le fift
recognoiftre à d'Amoclee pour fon fils
d'Aphnis qu'il auoit perdu en mefme
temps, auecque fa maifon que la Seine
auoit fubmergee : de forte que s'eftant
trouué de la race & du pays d'Artenice, les
deffences de la bonne Deeffe furent le-
uees, rien n'empefcha plus leur mariage,
& d'Amoclee n'euft plus de raifon de s'o-
pofer à celuy de Tifimandre & de fa fille
Ydalie.

LES ACTEVRS.

La Nymphe de Seine.

ARTENICE   Bergere.
YDALIE   Bergere.
ALCIDOR   Berger.
TISIMANDRE   Berger.
LVCIDAS   Berger.
CLEANTE   Berger.
SILENE   pere d'Artenice.
CRISANTE   mere d'Artenice.
D'AMOCLÉE   pere d'Ydalie.
POLISTENE   Magicien.
PHILOTEE   Vestale.
CLORISE   confidente d'Artenice.
CHINDONNAX   Druide.
D'ARAMET   l'vn des Sacrificateurs.
Le Vieil ALCIDOR.
Le SATYRE.

LES BERGERIES

DE MONSIEVR DE

RACCAN.

PREMIERE IOVRNEE.

Prologue de la Nymphe de Seine.

AV ROY.

DV profond de ces flots, dôt ie regle le cours
Depuis que le Soleil reigle celuy des iours:
Ie fors pour adorer, fur le bord de mõ onde,
La merueille du Ciel, & la gloire du mõde.
Grand Prince, dont l'exemple autant que
Fait demeurer le vice aux bornes du deuoir: (le pouuoir
Miroir de la vertu, fupport de l'innocence,
De qui la courtoifie égalle la puiffance:

A

Receuez à vos pieds d'vn fauorable accueil
Ces Bergers, que la Muse a tirez du cercueil:
Ils ont repassé l'onde effroyablement noire
Pour le desir, qu'ils ont d'honorer vostre gloire;
Que iusques aux enfers on entend publier,
Et que dans l'oubly mesme on ne peut oublier:
Mais de quelques discours fertiles en merueilles,
Dont vostre renommée ait charmé leurs oreilles:
Ne confessent-ils pas que ce qu'on en sçauoit
Est beaucoup au dessous de ce que l'on y voit?
Pour moy, quand le pouuoir qui de tout est le Maistre,
Dessous vos iustes loix ne m'auroit point fait naistre,
Vous eußiez tousiours eu de mon affection
Ce que vous en auez par obligation:
Et, certes, n'y l'éclat de vostre Auguste race,
Qui dans les rangs des Dieux assigne vostre place:
Ny le Sceptre eternel, qu'ils vous ont mis és mains
Pour disposer comme eux du destin des humains:
Ny tant d'autres honneurs, sans fin, ny sans limites,
Ne m'obligent pas tant que vos propres merites.
Par vos vtiles soings, ie possede sous vous
L'heur de viure en vn siecle außi iuste que doux.
L'honneur de vous seruir égalle ma fortune,
A celuy de regir l'Empire de Neptune.
Vos exploicts genereux, miracles de nos iours,
Ont épendu ma gloire außi loing que son cours:
Depuis qu'ils ont domté l'orgueil de l'heresie,
L'Astre qui nous éclaire a de la ialousie,

Quand il void mon renom, sous voſtre illuſtre appuy,
Faire le tour du monde auſſi bien comme luy.
Puiſſiez-vous, braue Roy, porter à main armée
Vos exploicts auſſi loing que voſtre renommée:
Et puiſſe le deſtin, pour me combler de biens,
Faire durer vos jours auſſi longs que les miens.

ACTE PREMIER.

SCENE PREMIERE.

ALCIDOR.

Ve cette nuict eſt lõgue, & faſcheuſe à paſſer!
Que de ſortes d'ennuis me viennent trauerſer!
Depuis qu'vn bel objeót a ma raiſon bleſſée
Inceſſamment ie voy des yeux de ma penſée,
Cet aimable Soleil autheur de mon amour,
Qui fait qu'inceſſamment ie penſe qu'il ſoit iour.
Ie ſaute à bas du lict, ie cours à la feneſtre,
I'ouure & hauſſe la veuë, & ne voy rien pareſtre,
Que l'ombre de la nuict, dont la noire paſleur
Peint les champs & le prez d'vne meſme couleur:
Et cette obſcurité, qui tout le monde enſerre,
Ouure autant d'yeux au Ciel, qu'elle en ferme en la terre:
Chacun jouït en paix du bien, qu'elle produit,
Les coqs ne chantent point, ie n'entens aucun bruit;

Sinon quelques Zephirs, qui le long de la plaine
Vont cajolant tout bas les Nymphes de la Seine.
Maint phantofme hideux, couuerts de corps fans corps,
Vifite en liberté la demeure des morts.
Les troupeaux, que la faim a chaffez des bocages,
A pas lents & craintifs entrent dans les gagnages.
Les funeftes oifeaux, qui ne vont que la nuit,
Annoncent aux mortels le malheur qui les fuit.
Les flambeaux eternels, qui font le tour du monde,
Percent à longs rayons le noir criftal de l'onde,
Et font veuz aux trauers fi luifants & fi beaux,
Qu'il femble que le Ciel foit dans le fonds des eaux.
O nuict, dont la longueur femble porter enuie
Au feul contentement, que poffede ma vie:
Retire vn peu tès feux, & permets que le iour
Vienne fur l'horifon éclairer à fon tour:
Afin que ces beaux yeux pour qui mon cœur foupire,
Sçachent auant ma mort l'excez de mon martyre.
Certes c'eftoit en vain que j'auois efperé
De poffeder par toy mon repos defiré:
Mes larmes de mon lict ont fait vne riuiere,
I'ay tafché maintefois de fermer la paupiere:
Mais, helas! ie voy bien qu'en ce mal nompareil,
La mort la fermera pluftoft que le fommeil.
Tenebreufe Déeffe, ingrate à ma priere,
Qui te fait fi long temps retarder ta carriere?
Veux-tu par ta longueur aduancer mon trépas?
Mais ie la prie en vain, elle ne m'entend pas,

Celuy de qui le monde admire les merueilles,
La faisant toute d'yeux, ne luy fit point d'oreilles.
Et toy, race des Dieux, belle Nymphe du iour,
Qui n'es pas insensible aux attraits de l'amour,
Agreable lumiere, espoir de tout le monde,
Qui te retient si tard dans le sejour de l'onde?
Où ton jeune desir demeure languissant
Dessous les froids baizers de ton vieil impuissant,
Si de ton beau Chasseur le merite & la flame
Ont encore pouuoir de captiuer ton ame,
Va jouir en ses bras de ton souuerain bien,
Et soulage ton mal en soulageant le mien.

　Depuis le premier iour que ie vis Artenice,
Et qu'elle prit en gré les vœux de mon seruice,
Ie n'ay fait en tous lieux que plaindre mon tourment,
Sans espoir de trouuer aucun soulagement:
Ce reconfort me reste en ma douleur extréme,
Que ie sçay qu'elle m'aime autant comme ie l'aime.
Mais que me sert de voir ses beaux yeux languissans,
Témoigner auoir part aux ennuis que ie sens,
Si ie ne puis jouir du bon-heur que j'espere
Sans le consentement des parens & du pere,
De qui l'auare faim, qui ne peut s'assouuir
L'empesche de m'aimer, & moy de la seruir?
Ie fay ce que ie puis pour leur estre agreable,
Mais rien ne r'adoucit leur ame impitoyable.
Tout le soing que j'y prends ne profite de rien,
Leur esprit aueugle n'estime que le bien.

A iij

Et veulent sans raison contraindre cette Belle
D'en aimer vn plus riche, & de m'eſtre infidelle:
Déja leur tyrannie a fait tout ſon pouuoir,
Afin de m'empeſcher les moyens de la voir:
Ils éclairent ſes pas en quelque part qu'elle aille,
Ils liſent les premiers les lettres qu'on luy baille,
Et penſent follement captiuer ſes beaux yeux,
Qui pourroient captiuer les hommes & les Dieux.
Mais l'amour, qui ſe loge en vn jeune courage,
N'eſt pas de ces oiſeaux, que l'on enferme en cage,
Elle leur montre bien : car ſi par leur rigueur
Ils poſſedent ſon corps, ie poſſede ſon cœur.
Mais le iour n'eſt pas loing, les ombres ſ'éclairciſſent,
Déja d'étonnement les Eſtoilles paliſſent,
Et déja les oiſeaux joyeux de ſon retour,
Commencent dans les bois à ſe parler d'amour.
Afin de ne point perdre vn temps ſi fauorable,
Ie vay faire ſortir mes brebis de l'eſtable.

ACTE PREMIER.

SCENE SECONDE.

LVCIDAS.   POLISTENE.

LVCIDAS,

Sous quel aſtre funeſte, ô Deſtins rigoureux!
Sourdiſſez-vous le fil de mes ans malheureux?

Ie voy tous mes desseins d'eux-mesmes se détruire,
Et semble que le Ciel ne se plaist qu'à me nuire.
I'aimois dés mon enfance vne ieune beauté,
A qui rien ne manquoit que la fidelité;
De toutes les vertus, de qui les destinées
Ornent auecques soing les ames les mieux nées.
Chacun prenoit plaisir à voir de iour en iour
Augmenter à la fois nostre âge & nostre amour:
Et la ialouze enuie estoit mesme contrainte
De benir le progrez d'vne amitié si saincte,
Qui bornoit ses desirs aux amoureux apas,
Où ses ans & les miens nous menoient pas à pas:
Mais lors que i'esperois voir l'heureuse iournée,
Qui deuoit de nos vœux accomplir l'Hymenée,
L'iniustice du sort, qui preside à mes iours,
Luy fit tourner aille. 'espoir de ses amours,
Et donner cette foy, qu'elle m'auoit promise,
Au Berger Alcidor, dont son ame est éprise:
Ce ieune homme tout seul la possede auiourd'huy,
Elle n'a plus d'attraits pour autre que pour luy;
Qui l'en veut diuertir perd son temps & sa peine,
Cela passe l'effect de la puissance humaine,
Il me faut au besoin des Demons pratiquer,
Que l'art de Polistene a pouuoir d'éuoquer.
Cependant que le iour qu'on voit naistre dans l'onde,
Ne chasse point encor' les tenebres du monde,
Ie vay sous leur faueur implorer ce vieillard
De me vouloir aider des secrets de son art.

A iiij

De tout temps sa franchise a chery mon enfance,
Aussi tost que du iour i'en eus la cognoissance :
Il me témoignerà l'effect de sa bonté,
S'il en a le pouuoir comme la volonté.
Ie croy que le voila, qui tout seul se promeine,
Vn liure dans sa main, au long de cette plaine.
Il le faut aborder, pour voir si mon tourment
Peut esperer de luy quelque soulagement.

  Pere dont la science, en prodiges feconde,
D'horreur & de merueille étonne tout le monde:
Si nostre affection qui nasquit auec moy,
Vous peut rendre sensible au mal que ie reçoy;
Ou si vous voulez faire vne œuure memorable,
Et vous monstrer sçauant autant que charitable,
Guerissez les ennuis d'vn pauure Amant jaloux,
Qui n'attend son repos que du Ciel ou de vous ?
I'ayme dés le berceau la Bergere Artenice,
De qui l'esprit leger, méprisant mon seruice,
Au lieu de prendre exemple à ma fidelité,
M'a si legerement pour vn autre quitté,
Qu'il semble que sa flame, en cette amour nouuelle,
Ne cherche autre raison que de m'estre infidelle.

POLISTENE.

  Mon fils, i'aurois de l'heur, si mon affection
Vous pouuoit secourir en vostre affliction.
Ie sçay combien l'Amour trouble vn ieune courage,
Les tourments, que i'ay plains au plus beau de mon âge

En fuiuant ces plaifirs, de,pleurs accompagnez,
Me font auoir pitié de ceux que vous plaignez.
Si la part, que ie prends, au mal, qui vous poffede
Y pouuoit tenir lieu d'vn vtile remede,
Cette ame, qui fans fard vous a toufiours chery,
Seroit le feul Demon, dont vous feriez guery.
Mais, certes c'eft en vain, qu'on a recours aux charmes
Pour éteindre les feux, & fe parer des armes
De ce Dieu fi petit, & fi grand en tous lieux,
„ Le pouuoir des Demons ne peut rien fur les Dieux.
Il faudroit effayer, par quelque jaloufie,
De guerir fa raifon de cefte fantaifie:
Peut-eftre cet efprit qui fe tourne à tout vent,
Vous aymeroit alors autant qu'auparauant.
Mon fils, voftre riual n'en ayme-t'il point d'autre,
Que celle, où fon amour a trauerfé la voftre ?

LVCIDAS.

Nenny, mais ie fçay bien qu'il doit voir auiourd'huy
Vne ieune beauté qui meurt d'amour pour luy.

POLISTENE.

L'occafion pour vous ne peut eftre meilleure,
Pourueu que vous puißiez vous affeurer de l'heure.

LVCIDAS.

C'eft vers le haut du iour qu'ils fe doiuent trouuer.

POLISTENE.

Il me faut leurs deux noms daus vn cerne grauez,
Pour rendre de tous point ma figure accomplie.

LVCIDAS.

L'homme ceſt Alcidor, & la fille Ydalie,

POLISTENE.

Mon fils tout ira bien, pourueu que promptement
Vous voyez Artenice, & qu'auecq iugement
Vous tachiez de le mettre en telle defiance,
Que ſon eſprit troublé recourre à ma ſcience,
Ie puis dans les objects d'vn criſtal enchanté,
D'vn menſonge aparent maſquer la verité,
Gouuernez-vous y donc auecque modeſtie
Vous verrez ſon amour en rage conuertie.

LVCIDAS.

I'y vay tout de ce pas : attendez vn moment,
Mon retour de bien peu ſuiura mon partement.
Soit que ie puiſſe ou non amener ma cruelle,
Dedans vne heure ou plus vous en aurez nouuelle.

ACTE PREMIERE.

SCENE TROISIESME.

ARTENICE.   SILENE, ſon pere.

ARTENICE.

Honneur, cruel tyran des belles paſſions,
Qui trauerſe l'eſpoir de nos affections ;
De combien de malheurs eſt la terre feconde
Depuis que ton erreur empoiſonne le monde ?

Ce Dieu, dont les amants reuerent le pouuoir,
Ne recognoissoit point l'empire du deuoir;
Ce fust toy qui premier fit glisser en nostre ame,
Ces folles visions de la honte & du blasme:
Qui premier nous apprint à taire nos desirs,
Qui premier nous apprint à cacher nos plaisirs;
Et dont la tyrannie, aux amants trop cruelle,
S'opposa la premiere à la loy naturelle.
Petits oiseaux des bois, que vous estes heureux,
De plaindre librement vos tourments amoureux:
Les valons, les rochers, les forests & les plaines,
Sçauent également vos plaintes & vos peines;
Vostre innocente amour ne fuit point la clarté,
Tout le monde est pour vous vn lieu de liberté.
Mais ce cruel honneur, ce fleau de nostre vie,
Sous de si dures loix nous retient asseruie,
Qu'au plus fort des ennuis, que ie souffre en aimant,
I'ay honte de le dire aux rochers seulement.
Il est vray, ie ressens vne secrette flame,
Qui malgré ma raison s'allume dans mon ame
Depuis le iour fatal, que ie vis sous l'ormeau
Alcidor, qui dançoit au son du chalumeau:
La grace qu'il auoit, me pleut de telle sorte,
Qu'à tous autres obiets mon cœur ferma la porte:
Dés l'heure sourdement ie taschay de sçauoir
Les lieux les plus frequents, où l'on le vouloit voir:
On me dist que c'estoit où les flots de la Seine
Vont arrouzant le pied des cousteaux de Surene.

Et dés le lendemain, en mes plus beaux habits,
Aussi tost qu'il fut iour i'y mené mes brebis:
A peine la premiere entroit en ces herbages,
Où ces fertiles monts étendent leurs ombrages;
Que i'entendis de loing sa musette & sa voix,
Qui troubloit doucement le silence des bois:
Lors tous mes sens rauis de ces douces merueilles,
Mes yeux portent enuie à l'heur de mes oreilles:
Ie passay tout le front par dessus vn buisson,
Du costé, d'où venoit cet agreable son,
De quel aimable trait fut mon ame blessée;
Quelle timide ioye entre dans ma pensée,
Lors que i'en vy l'autheur, sous vn chesne écarté,
Qui remplissoit le lieu de sa propre clarté?
Tel estoit Apollon au seruice d'Acmette,
Alors que de sa lyre il fit vne muzette;
Quand ie vis de plus prez les aimables apas,
Feignant de me cacher, ie redouble le pas:
Mais tousiours dessus luy i'eu la veuë attachee,
Pour voir s'il me verroit auant qu'estre cachee.
Il vint droit où i'estois, il s'approche de moy,
Et me voulant dés lors asseurer de sa foy:
Ces yeux, qui demy-morts, dans les miens se mirerent,
Bien mieux que ses discours, de sa foy m'asseurerent:
Alors le cœur ioyeux d'vn si riche butin,
Ie rend grace tout bas à mon heureux destin:
Et quand ce ieune amant, apres quelque silence,
Eut lasché maints souspirs auecques violence,

Qui comme prisonniers, sortans tous à la fois,
Ouurirent le chemin à sa timide voix.
Ne pouuant plus celer ce qu'il auoit dans l'ame,
Me declara l'ardeur de sa nouuelle flame:
Maints Zephirs amoureux, dans les fueilles cachez,
Furent à ce discours par l'oreille attachez,
Et la Nymphe de Seine, en sa couche profonde,
Fit cesser pour l'ouïr le murmure de l'onde.
Ie ne sçaurois choisir vn plus parfait Berger,
Tout le mal que i'y trouue, est qu'il est estranger:
Et la bonne Déesse, à qui dés ma naissance
Mes parens ont remis le soing de mon enfance,
M'apparoit en dormant presques toutes les nuicts,
Et menace mes iours d'incurables ennuis,
Si i'en reçois iamais au lict de mariage,
Qui ne soit de ma race, & de mon voisinage,
Ie ne sçay tantost plus à qui ie dois penser,
Cela me trouble toute, il le faut confesser.
En vain pour ce suiet ie m'efforce de prendre
Aux apas de l'amour le Berger Tisimandre:
Berger aussi parfait, comme il est malheureux,
D'estre depuis cinq ans d'vne ingratte amoureux,
Qui n'est pas moins constante à mépriser sa peine,
Qu'est son ame aueuglée en sa poursuitte vaine.
Mais quoy? le iour s'augmente, & dérobe à nos yeux,
Les roses, dont l'Aurore auoit semé les Cieux,
Il est temps de partir, tout ce que i'apprehende,
Est qu'au cry des aigneaux mon pere ne m'entende.

S'il vient à s'éueiller : ie crains que d'auiourd'huy
Ie ne puisse aizément me défaire de luy.
Sa méfiante humeur de iour en iour s'augmente,
Mon Dieu qu'il est fascheux, que cela me tourmente!
Ie pense que ie l'oy.

SILENE.

　　　　　　　Ma fille, à quelle fin,
Voulez-vous auiourd'huy vous leuer si matin?
Le Soleil n'a pas beu l'égail de sa prairie,
Cela mettra le mal en vostre bergerie.

ARTENICE.

Nostre chien qui resuant de moment en moment,
Au loup, que son penser luy forgeoit en dormant,
D'vn veritable loup m'a fait naistre la crainte.

SILENE.

L'inutile soucy, dont vostre ame est atteinte,
Ne m'est que trop cogneu, ie ne puis l'ignorer;
Et c'est ce qui me fait iour & nuict souspirer.
Ie sçay ce qui vous met la puce dans l'oreille;
Ie vis hier icy le loup, qui vous réueille:
Mais si tost qu'il me vit il rebroussa ses pas,
Fasché d'auoir trouué ce qu'il ne cherchoit pas.
Il ne faut point pour luy ny rougir ny sousrire.

ARTENICE.

Ie ne puis deuiner ce que vous voulez dire?

SILENE,

A quoy vous sert cela de le dissimuler?
Vous sçauez bien celuy de qui ie veux parler,
Ne me le celes plus, i'ay découuert la mine,
Ce n'est pas auec moy qu'il faut faire la fine.
Ie sçay que vous aimez celuy qui l'autre iour
Menoit le premier bransle en nostre carrefour,
Et souffrez sans mon sceu l'affection secrette.
D'vn Berger incogneu, qui n'a que la houlette.
Il est vray que sa grace est si pleine d'attraits,
Qu'il n'est point de beautez, qui n'en sentent les traits:
Soit qu'il dãse, ou qu'il chãte, en ses moindres merueilles
Il arreste sur luy nos yeux & nos oreilles.
Mais ces ieunes Bergers, si beaux & si chéris
Sont meilleurs pour amants, qu'ils ne sont pour maris,
Ils n'ont aucun arrest, ce sont esprits volages,
Qui souuent sont tous gris auant que d'estre sages;
Et doit-on souhaitter pour leur vtilité,
De voir finir leur vie auecques leur beauté:
Semblables à ces fleurs, dont Venus se couronne,
De qui iamais les fruicts n'enrichissent l'Automne,
Oubliez, oubliez l'amour de ce Berger,
Et prenez en son lieu quelque bon ménager,
De qui la façon masle à vos yeux moins gentille
Témoigne vn esprit meur à regir sa famille:
Et dont la main robuste au mestier de Cerés
Fasse ployer le soc en fandant les guerets.

Vous estes grande assez, vous deuriez estre sage,
Et plustost proietter quelque bon mariage,
Que de vous amuser à ces folles amours.

ARTENICE.

Mon pere, à quelle fin tendent tous ces discours?
Si ie hante Alcidor, en dois-ie estre blasmée,
Ce n'est ny pour l'aimer ny pour en estre aimée?
Ie n'ay point fait dessein d'en faire mon espoux,
Ie ne veux point auoir d'autre mary que vous,
Tandis que vous aurez mon seruice agreable,
Ce me sera, mon pere, vn bien inestimable,
De meurir auec vous la fleur de mon printemps
Auant que d'en partir.

SILENE.

C'est comme ie l'entends,
Et certes le seul bien à quoy ie veux pretendre,
Est qu'auant mon trespas vous me donniez vn gendre,
Dont le bon naturel me venant à propos,
Me donne le moyen de mourir en repos.
Ie n'auray plus regret de luy quitter la place,
Quand ie verray mon sang reuiure en vostre race:
Ie croy que Lucidas seroit bien vostre fait,
La fortune luy rit, tout luy vient à souhait:
De vingt paires de bœufs il seillonne la plaine,
Tous les ans ses acquests augmentent son domaine;
Dans les champs d'alentour on ne void aniourd'huy
Que cheures & brebis, qui sortent de chez luy:

Sa maison

Sa maison se fait voir pardessus le village,
Comme fait vn grand chesne au dessus d'vn boccage;
Et sçay que de tous temps son inclination
Nous a donné ses vœux, & son affection.
Mais le voicy qui vient au long de ceste roche,
Ie m'en vay vous quitter auant qu'il soit plus proche:
Bien qu'Amour soit enfant, c'est vn enfant discret,
Qui n'oseroit parler s'il ne parle en secret.

ACTE PREMIER.

SCENE QVATRIESME.

LVCIDAS, ARTENICE.

LVCIDAS.

AGreable suiet de mes inquietudes;
Apres tant de mépris, & tant d'ingratitudes;
Puis qu'à la fin mon cœur vomissant son poison,
Au lieu de son trespas trouue sa guerison;
Bien que vous me quittiez pour en aimer vn autre,
Sçachez que ie plains moins mon malheur que le vostre,
Et que le seul dépit, dont ie suis enflamé,
Est de voir mépriser ce que i'ay tant aimé:
Quand vostre Amant nouueau pour comble de folie,
Prefere à vos beautez les beautez d'Ydalie.

B

A R T E N I C E.

Autant que voſtre eſpoir eut de preſomption,
Quand il creut auoir part à mon affection,
Autant voſtre creance eſt iniuſte & cruelle,
Lors que vous m'accuſez de vous eſtre infidelle:
Ce que i'engage ailleurs ne fut iamais à vous,
Vous n'en deuez point eſtre amoureux & ialous,
Ma perte vous apporte auſſi peu de dommage
Qu'à moy le changement de ce Berger volage,
Et certes ſans raiſon vous m'en parlez ainſi,
Cela ne mettra point mon eſprit en ſoucy.

L V C I D A S.

Ie n'ay point ce deſſein, la choſe eſt aſſeurée
Par la foy qu'ils ſe ſont l'un à l'autre iurée.

A R T E N I C E.

Qu'ils facent à leur gré, ie n'y demande rien,
Ie ne regrette point ce qui n'eſtoit point mien:
Le Ciel rende en leurs vœux la fortune proſpere,
Ie quitte de bon cœur la part que i'en eſpere.
Mais comment, Lucidas, ſe ſeroient-ils promis
Sans le conſentement de parens ny d'amis?

L V C I D A S.

Ils ont fait & bien pis, c'eſt choſe trop certaine,
Que ſouuent dans vn bois ſur la riue de Seine
Ils iouiſſent déia des plus ſecrets plaiſirs,
Dont Hymen aſſouuit les amoureux deſirs:
Ie ſçay bien le moyen d'en ſçauoir des nouuelles,
Ie cognois vn deuin de mes amis fidelles,

Qui me doit faire voir, par ses enchantemens
Toutes les priuautez de ces ieunes Amans:
I'espere auant midy d'en voir faire l'épreuue.

ARTENICE.

A quelle heure, Berger, est-ce que l'on le treuue?

LVCIDAS.

Si vous le voulez voir, il faut prendre le temps
Que ces ieunes Bergers rendent leurs vœux contens:
C'est vers le haut du iour, lors que de ces campagnes
L'ombrage est retiré iusqu'au pied des montagnes,
Quand le Soleil est presqu'au milieu de son cours.

ARTENICE.

Ie n'ay point d'interest à leurs folles amours:
Mais ie prendray plaisir à voir l'experience
Des effets merueilleux, que produit sa science.

LVCIDAS.

Trouuez-vous donc tantost sur le bord de cette eau,
Et conduisez vos pas deuers vn vieux Chasteau,
Maintenant des Lutins l'effroyable demeure,
C'est où ie me promets de vous voir en vne heure.
Là sous vn chesne creux, de fourmis habité,
Dont la seule grosseur monstre l'antiquité,
Se void dans vn rocher sur la riue où nous sommes,
Vn antre plus hanté des Demons que des hommes,
Qu'vne viorne épaisse enclost tout à l'entour,
C'est de ce vieux deuin l'ordinaire seiour.
Cette belle trompeuse en fin sera trompée,
Ie la verray bien tost dans le piege attrapée,

B 5

Et verray cet esprit, qui fait tant le ruzé,
Vômir bien tost le feu, dont il est embrazé.
Ie m'en vais ce pendant tout le long de la Seine
Par vn autre chemin retrouuer Polistene,
Afin de l'aduertir d'apprester promptement
La glace destinee à son enchantement:
Il est vray ie commets vne grande malice,
Mais ce n'est pas moy seul, le Ciel dont l'artifice
Couure de tant d'apasts tant d'infidelité,
Est le premier autheur de ma méchanceté.

CHOEVR DES IEVNES BERGERS.

SVs, Bergers, qu'on se resiouisse,
Et que chacun de nous iouisse
Des faueurs qu'Amour luy depart:
Ce bel âge nous y conuie,
on ne peut trop tost ny trop tard
Gouster les plaisirs de la vie.

Suiuons ce petit Roy des ames,
De qui les immortelles flames
Gardent Nature de perir:
Choisissons-le pour nostre maistre,
Et ne craignons point de mourir
Pour celuy qui nous a fait naistre.

L'Astre doré, qui sort de l'onde,
Promet le plus beau iour au monde,
Que puissent choisir nos desirs:
Tout rit à sa clarté premiere,

Qui semble apporter les plaisirs
En nous apportant la lumiere:
   Déia les plus belles Bergeres
Sont assizes sur les fougeres,
Chacune auecques son Amant:
Vn beau feu leur ame consume,
Et nous autres sans mouuement
Sommes encore dans la plume.

   Fuyons ceste molle demeure,
Il faut cherir cette belle heure
Pendant qu'on en est possesseur:
Tout le reste de la iournee
N'a rien d'ègal à la douceur
Des plaisirs de la matinee.

   En l'Orient de nos annees
Tout le soing de nos destinees,
Ne tend qu'à nous rendre contens,
Les delices en sont voisines,
Et l'Amour amy du Printemps,
A plus de fleurs, & moins d'espines.

   Lors que ce bel âge s'escoule,
Les soucis nous viennent en foule,
Venus se retire autre part:
Conseruons en tousiours l'enuie,
On ne peut trop tost ny trop tard
Gouster les plaisirs de la vie.

ACTE SECOND.

SCENE PREMIERE.

LE SATYRE.

D'Où me vient hors de temps cette boüillante rage
Quelle nouuelle ardeur s'allume en mon courage ?
Ie ne fais iour & nuict, ny veillant ny dormant
Que souspirer le mal que ie souffre en aymant,
Depuis que les attraicts de la belle Idalie
Ont fait naistre en mon cœur ceste douce folie.
Pourquoy mon vain espoir viens tu m'entretenir
D'vn bien, où mes trauaux ne sçauroient paruenir?
O Dieu, qui soubs tes loix tiens mon ame asseruie
Donne m'en le merite , ou m'en oste l'enuie !
Elle n'a point d'esgard à l'excez de ma foy,
Si tost qu'elle me void elle s'enfuit de moy,
Pour aymer vn mignon de qui le beau visage
Empruntant de l'Amour le pouuoir & l'image
A de plus doux appas, & plus selon ses vœux
Que ces membres pelus , robustes & nerueux.
Plus ie luy fay de bien, plus elle m'est cruelle
Ie ne cueille des fleurs ny des fruicts que pour elle.
Lors que de son logis elle sort au matin
Ie paue son chemin de lauande & de tin :

Soubs l'habit d'vn Berger souuent ie me desguise
I'arrache mes sourcils, ie me farde & me frise
Mais tout ce que ie fais ne me profite rien :
Peut estre son desir s'accorderoit au mien
Si dessouz les efforts de ma flame incensée
Sa pudeur pouuoit dire auoir esté forcée.
Ie sçay que le matin elle ne manque pas
De prendre dans les eaux conseil de ses appas,
Afin qu'vn element aussi perfide qu'elle
Luy monstre à me dresser quelque embusche nouuelle :
Dans ce buisson espais loin du monde & duiour
Ie m'en vay me cacher pour le prendre au retour.

ACTE SECOND.

SCENE SECONDE.

YDALIE. TYSIMANDRE. LE SATYRE.

YDALIE.

AGreables deserts, bois, fleuues & fontaines,
Qui sçauez de l'amour les plaisirs & les peines,
Est-il quelque mortel esclaue de sa Loy
Qui se pleigne de luy plus iustement que moy ?
Ie n'auois pas douze ans quand la premiere flame
Des beaux yeux d'Alcidor s'alluma dans mon ame,
Il me passoit d'vn an, & de ses petits bras
Cueilloit desia des fruicts dans les branches d'emb as.

B   iiij

L'amour qu'à ce Berger ie portois dés l'enfance,
Creut insensiblement sa douce violence;
Et iusques à tel point s'augmenta dans mon cœur
Qu'à la fin de la place il se rendit vainqueur.
Deslors ie prins vn soin plus grand qu'à l'ordinaire
De le voir plus souuent, & tascher à luy plaire;
Mais ignorant le feu, qui depuis me brusla,
Ie ne pouuois iuger d'où me venoit cela
Soit que dans la prairie il vist ses brebis paistre
Soit que sa bonne grace au bal le fist paroistre,
Ou soit que dans le Temple il fist priere aux Dieux
Ie le suiuois par tout de l'esprit & des yeux
A cause de mon âge & de mon innocence
Ie le voyois alors auec plus de licence,
Et souuent tous deux seuls libres de tout soupçon
Nous passions tout le iour à l'ombre d'vn buisson:
Il m'appelloit sa sœur, ie l'appellois mon frere,
Nous mangions mesme pain au logis de mon pere;
Cependant qu'il y fut nous vescumes ainsi,
Tout ce que ie voulois il le vouloit aussi.
Il m'ouuroit ses pensers iusqu'au fond de son ame,
De baisers innocens il nourrissoit ma flame:
-Mais dans ces priuautez, dont l'Amour se masquoit,
Ie me doubtois tousiours de celle qui manquoit,
Et combien que desia l'amoureuse manie
M'augmentast le plaisir d'estre en sa compagnie;
Ie goustois neantmoins auec moins de douceur
Ces noms respectueux de parante & de sœur

Combien de fois alors ay-ie dit en moy-mesme,
Ayant les yeux baissez, & le visage blesme;
Beau chef-d'œuure des cieux, agreable Pasteur,
Qui du mal que ie sens estes le seul Autheur
Auec moins de respect soyez moy fauorable.
Ne soyez point mon frere, ou soyez moins aymable:
Mais quoy? cét aueugle ne me regarde pas,
Et quelquefois songeant aux aymables apas,
Dont vne autre bergere a son ame blessée
Me contraint de conter son amour insensée.
A l'heure mes douleurs perdent tout reconfort
Comme si i'entendois ma sentence de mort.
Si la ciuilité m'oblige à luy respondre
Ie sens au premier mot mon discours se confondre,
Ie ne sçay que luy dire, & mon esprit troublé
Tesmoigne assez l'ennuy dont il est accablé
Apres cét entretien, si la nuict nous separe
I'apprehende le mal que le lict me prepare,
Alors que mes pensers de mon aise enuieux
Deffendent au sommeil d'approcher de mes yeux:
Il est vray qu'au matin aucunefois les songes
Me deçoiuent les sens par de si doux mensonges,
Qu'encore que ie d'eusse euiter ses attraits
Ie ne puis m'empescher d'y repenser apres;
Ce qui fait que ma peine encore plus griefue
Est que ie perds l'espoir d'y voir iamais de treue.
Cét aimable berger est pris en des liens,
Qu'il ne quittera pas pour s'enchaisner aux miens:

La bergere Artenice a captiué son ame,
Le Ciel mesme benit leur amoureuse flame,
Et comme à la plus belle a choisi iustement
Le plus beau des Bergers pour estre son Amant.
Moy ie suis cependant reduitte à me deffendre
Des importunitez du fascheux Tisimandre,
Qui tout le long du iour malgré tous mes efforts
Ne me quitte non plus que l'ombre fait le corps.
Ie pense que voila ce pauure temeraire,
Qui rumine tout seul sa folie ordinaire :
Il ne faut dire mot, s'il entendoit ma voix
Il me viendroit cercher iusqu' au fond de ces bois.

CHANSON DE TISIMANDRE.

DONC apres tant de maux soufferts
    Il faudra mourir dans les fers,
Où les yeux d'vne ingratte ont mon ame asseruie,
    Ie n'en puis eschapper
    On ne les peut coupper
Qu'on ne couppe auec eux le filet de ma vie.
    Mes cris sont par tout eslancez,
    Les pleurs que mes yeux ont versez
Ont fait dans ces deserts de nouuelles riuieres :
    I'inuoque tous les Dieux
    Des enfers & des Cieux,
Et pas vn que la mort n'exauce mes prieres.
    A grand pas elle vient à moy,
    Deuant elle marche l'effroy,

L'Amour triste & pensif à ses pieds rend les armes :
    Et ce monstre inhumain
    Arrache de sa main
Son flambeau pour l'esteindre en vn fleuue de larmes.
    Elle eust desia faict ses efforts
    Pour me deliurer de ce corps
Où mon esprit captif, souffre des maux sans nombre.
    Mais l'extreme tourment
    Me change tellement.
Qu'elle croit qu'a present ie ne sois plus qu'vne ombre.
    Derniers espoirs des langoureux,
    Seul azile des malheureux
Inhumaine Deesse acheue ton ouurage;
    Tu feras ton debuoir,
    Et moy ie feray voir
Qu'ayant beaucoup d'amour i'ay beaucoup de courage.
    Mon cœur est las de souspirer,
    Mes yeux sont lassez de pleurer,
Le Ciel mesme est lassé de m'ouïr tousiours plaindre :
    Denué de tout bien
    Ie n'espere plus rien
Et n'esperant plus rien ie n'ay plus rien à craindre.
    Mes ans ont acheué leurs cours,
    Desormais ie voy que les iours
M'accordent à regret leur clarté coustumiere :
    O malheur sans pareil
    En seruant vn soleil
Ie verray de ma vie esteindre la lumiere.

Heureux si ma longue amitié
L'esmouuoit alors à pitié
Et qu'elle eust quelque part à ma douleur profonde:
Pour le moins en ma mort
I'aurois ce reconfort
Que ie serois pleuré des plus beaux yeux du monde.

YDALIE.

O Dieux! il vient icy, que luy pourray-ie dire?

TISIMANDRE.

Adorable beauté, que tout le monde admire,
Voulez vous de ce bois les tenebres chasser,
Que le iour seulement n'a iamais sceu perser?
Quel miracle de voir en ce lieu triste & sombre
Vne Deesse en terre, & le soleil à l'ombre,
Qui vous mene en ces lieux solitaires & doux?

YDALIE.

Rien que le seul desir de m'esloigner de vous.

TISIMANDRE.

C'est bien fait de fuir l'abord d'vn miserable.

YDALIE.

Celuy d'vn importun est bien moins agreable.

TISIMANDRE.

Nommez vous mon seruice vne importunité?

YDALIE.

Me voulez vous aymer contre ma volonté?

TISIMANDRE.

N'auez vous point pitié d'vn cœur qui s'humilie?

YDALIE

Si i'ay pitié de vous, c'est de vostre folie:

TISIMANDRE.

Est-ce là loyer de mon affection?

YDALIE.

C'est trop long temps souffrir la persecution:
Si vous ne me laissez il faut que ie vous laisse.

TISIMANDRE.

O cruauté du sort, qui n'as iamais de cesse !
A qu'elle nuict d'ennuis me dois-je preparer,
Puis que ce beau soleil ne veut plus m'esclairer?

YDALIE.

Que i'ay le cœur ioyeux de ce qu'il m'a quittée,
Dieux! qu'il est mal plaisant, que i'en suis tourmentée,
Ie ne sçay tantost plus où ie me doibs cacher,
Tant il est importun à me venir cercher :
Ce qui me desplaisoit en sa perseuerance,
Et ce qui me donnoit autant d'impatiance
Est le desir que i'ay d'aller voir auiourd'huy
Le Berger Alcidor, que i'aime mieux que luy:
Il le faut aduouer, bien que ceste belle ame
Soit esclaue d'vne autre, & mesprise ma flame
Sa grace naturelle est si pleine d'apas,
Qu'il faut que ma raison mette les armes bas.
I'ay long temps disputé si ie luy debuois dire
L'amoureuse douleur, dont mon ame souspire :
Mais puis que de la sienne il m'importune tant,
Ie croy que sans rougir i'en puis bien faire autant.

LE SATYRE.

En fin ie iouïray de celle que i'adore
La voicy qu'elle vient plus belle que l'Aurore:
I'ay vaincu ces vainqueurs, qui fouloient me brauer,
Ie vous tiens, ie vous tiens, rien ne vous peut fauuer.

YDALIE.

Quoy? meschant prenez vous les filles de la forte ?
A l'aide mes amis, à l'aide ie fuis morte !

LE SATIRE.

Vous ne fçauriez mourir d'vne plus douce mort.

TISIMANDRE.

Vilain arreftez vous, quel furieux tranfport,
Vous a fait profaner le corail de ces leures ?
Allez bouquin puant faire l'amour aux cheures.
Cher obiect de mes vœux, beaux aftres inhumains,
Comme eftes vous tombée en ces barbares mains ?
Ces rofes & ces lis où la beauté fe mire
Ne font point deftinez à l'amour d'vn Satyre.
Le Ciel qui de fon œuure eft luy mefme amoureux
Referue à leur merite vn deftin plus heureux :
C'eft le iufte loyer d'vn feruiteur fidèlle,
Qui depuis cinq moiffons, plein d'amour & de zele
Surmontant la tempefte & les vents ennemis
Eft demeuré conftant en ce qu'il a promis.

YDALIE.

Ie vous entends venir, il ne faut plus vous feindre,
Vous parlez de vous mefme, & me voulez contraindre

D'accorder à vos vœux par obligation
Ce que l'on n'a de moy que par affection:
Ie ne vous puis aymer quoy que vous puißiez dire,
Remettez moy pluſtoſt és mains de ce ſatyre;
Quand ie ſerois contrainte à l'auoir pour eſpoux
I'en aurois moins d'horreur que ie n'aurois de vous.

TISIMANDRE.

Eſt-ce là le loyer de vous auoir ſauuée
De ce monſtre hydeux, qui vous eut enleuée ?
O Dieux! elle s'en va ſans vouloir m'eſcouter
Mes raiſons ny mes pleurs ne ſçauroient l'arreſter:
De quelle folle amour eſt mon ame enflammée ?
De quel enchantement eſt ma raiſon charmée?
Que de tant de beautez que la Seine produit
Mon cœur ne face choix que d'vne qui me fuit ?
Si ie voulois aymer la Bergere Artenice,
Elle ſatisferoit aux vœux de mon ſeruice:
Ses attraits ſont puißans, il n'eſt cœur de rocher,
Qui de ſa douce humeur ne ſe laiße toucher.
Ie ne voy que Bergers, qui ſouſpirent pour elle
Et tous, excepté moy, la treuuent la plus belle,
Mais ie croy que mes yeux ſont complices du ſort,
Qui malgré ma raiſon a conſpiré ma mort.
Cette ieune beauté que i'ay tant meſpriſée,
Ne ſe refroidit point pour ſe voir refuſée,
Et me teſmoigne aßez l'amour qu'elle a pour moy,
Par le ſoin qu'elle prend de m'attirer à ſoy:

Certes i'en suis honteux, & ne sçay que luy dire
Quand son teint qui rougit, & son cœur qui souspire,
En s'approchant de moy me disent sans parler
Le mal que le respect luy contraint de celer:
Ie croy que la voila toute triste & pensiue,
Qui va cueillant des fleurs au long de ceste riue.

ACTE SECOND.

SCENE TROISIESME.

ARTENICE. TISIMANDRE:

ARTENICE.

QVE Lucidas est long! qu'en ce retardement,
La crainte & le desir me donnent de tourment!
Voicy l'heure & la place où ie le doibs attendre,
Cette vieille mazure est où ie me doibs rendre:
Dans cét antre remply de tristesse & d'horreur
Est où ma passion doibt finir son erreur.
Ie sens l'impatience en mon ame s'accroistre
De cognoistre le mal que i'ay peur de cognoistre,
Qui me fait sans besoin descouurir vn peché,
Qui ne m'offençoit point lors qu'ils m'estoit caché.
Soubs les plaisirs d'Amour souuent la jalousie
Apres s'estre couuée en nostre phantaisie,

Par

Par noſtre propre faute eſcloſt de grands malheurs,
De meſme qu'vn ſerpent endormy ſoubs des fleurs.
O Dieux! qui ſçauez tout en qu'elle inquietude
Demeure mon eſprit en cette incertitude:
Qu'vn quart d'heure à paſſer me donne de ſoucy?

TISIMANDRE.

Elle ne me voit pas, elle viendroit icy.

ARTENICE.

Il n'en faut plus parler la pierre en eſt iettée.

TISIMANDRE.

Quelque choſe la fache : elle eſt inquietée.

ARTENICE.

Mais ne cognois-ie point ce Berger arreſté,
Que i'entrevoy de loin dedans l'obſcurité ?
Helas! c'eſt Tiſimandre! il monſtre à ſon viſage
Qu'vn ſanglant deſeſpoir luy ronge le courage.
Il le faut aborder; peut eſtre qu'à preſent
Qu'il reſſent dans ſon ame vn deſplaiſir cuiſant
D'auoir de ſes trauaux ſi peu de recompence
Il ſera plus aiſé d'esbranſler ſa conſtance.
Puis que deſſus la Seine il ne reſte auiourd'huy
Du ſang de mes ayeuls aucun homme que luy
En luy faiſant changer cette amour obſtinée
I'accorderois la mienne auec ma deſtinée.
Berger que dittes vous? quel tourment exceſſif
Vous rend le teint ſi paſle & l'eſprit ſi penſif?
N'oublirez vous iamais cette Nymphe cruelle,
Qui ſe rit des qennuis ue vous ſouffrez pour elle?

                                        C

On ne peut à bon droict estimer bon nocher
Celuy qui tous les iours heurte vn mesme rocher.
Guerissez vostre esprit, remettez-le en vous mesme
Fuyez ce qui vous fuit, aimez ce qui vous aime:
Celuy certes Berger est digne de mourir
Qui void sa guerison, & ne veut pas guerir.

TISIMANDRE.

Il est vray que mon mal tout autre mal excede
De n'estre pas guery par vn si beau remede,
Ie suis bien en cela despourueu de conseil
De vouloir preferer vne Estoille au Soleil:
Ie sçay vostre merite, & sçay que ma cruelle
Ne doibt qu'à mon malheur le choix que i'ay fait d'elle.

ARTENICE.

Comme auez vous fait choix de cét esprit rusé,
Qui d'vn autre Berger à le cœur embrasé?

TISIMANDRE.

Quoy le feu de quelqu'autre à t'il peu trouuer place
Dans ce cœur qui pour moy n'est que roche & que glace?

ARTENICE.

Estes vous si nouueau que de ne sçauoir pas
Que c'est pour Alcidor qu'elle tend ses appas?

TISIMANDRE.

Combien que ce Berger soit tousiours auec elle,
Ie sçay que leur amour n'est qu'Amour fraternelle,
Et n'y sçaurois encor aucun mal conceuoir.

ARTENICE.

Bientost la verité vous fera tout sçauoir:
Deuant que le Soleil se recache dans l'onde
Leur feu sera visible aux yeux de tout le monde:
Oubliez, oubliez ceste ingrate beauté,
Vous trouuerez ailleurs plus de facilité.
Deffendez à vos veux cette perseuerance
Perdez en le desir auecques l'esperance.

TISIMANDRE.

Ce conseil seroit bon à quelque autre quà moy,
Qui fust encore libre & maistre de sa foy:

ARTENICE.

Bien que pour son amour vous l'ayez destinée
N'en estant point receuë elle n'est point donnée,
Elle est encore à vous pour en disposer mieux.

TISIMANDRE.

Helas! il faudroit donc que i'eusse d'autres yeux;
Car ces beautez aux miens y sont ce que les vostres
Sont aux riues de Seine aux yeux de tous les autres:
Il faut bien qu'à present mon cœur soit hors de soy
De n'estre point touché des charmes que ie voy.
Vostre beauté n'est point pour estre mesprisée.

ARTENICE.

Ny vostre affection pour estre refusée.

TISIMANDRE.

Ie ne sçay de quels yeux ie puis voir vos attraits,
Et ne point ressentir leurs flames & leurs traits?

C ij

ARTENICE.

Ie ne ſçay de quels yeux l'on peut voir vos ſeruices,
Et n'eſtre point ſenſible à tant de bons offices.

TISIMANDRE.

Vous attirez les cœurs auec vn tel aimant,
Que qui n'a point d'amour n'a point de ſentiment.

ARTENICE.

Vous aimez & ſeruez auec tant de conſtance,
Que qui n'a point d'amour n'a point de cognoiſſance.

TISIMANDRE.

Ie ſçay que vos appas ſont adorez de tous,
Et ſi i'auois deux cœurs i'en aurois vn pour vous:
Mais le mien deſormais n'eſt plus en ma puiſſance.

ARTENICE.

L'on ne peut trop loüer voſtre perſeuerance:
Ie voudrois que l'amour qui vous peut eſmouuoir
Auecque le deſir m'euſt donné le pouuoir
De vous faire oublier ce cœur inexorable.

TISIMANDRE.

Ceſſez belle ceſſez de m'eſtre fauorable.
Lors que i'ay meſpriſé l'heur de voſtre amitié
I'ay rendu mon tourment indigne de pitié:
Quiconque vous a veuë, & ne tache à vous plaire
N eſt pas digne de voir le iour qui nous éclaire:
Souffrez donc que du ſort le iuſte chaſtiment
Puniſſe mon amour de cét aueuglement:
Afin que vos beautez à qui i'ay fait l'offence
Puiſſent par mon treſpas en auoir la vengeance.

ARTENICE.

Ie ne gaigneray rien contre cét obstiné,
Le mal qui le possede est trop enraciné:
Il n'entend point raison, mon entreprise est vaine,
Il ne veut pas guerir, il se plaist en sa peine,
Il s'en va tout courant la mettre en liberté
Dans les antres affreux d'vn desert escarté,
Qui ne sont point si noirs que sa melancholie,
Ny leurs rochers si durs que le cœur d'Ydalie.
Pour moy ie veux sçauoir si i'auray tout perdu,
Lucidas ne vient point c'est assez attendu
Ie m'en vais le chercher pour passer mon enuie
De sçauoir du deuin ou ma mort ou ma vie.

ACTE SECOND.

SCENE QVATRIESME.

POLISTENE,   LVCIDAS,   ARTENICE.

POLISTENE.

AV creux de ces rochers d'où l'eternelle nuict
A chassé pour iamais la lumiere & le bruit:
I'ay choisi mon seiour loin de la multitude
Pour iouyr en repos du plaisir de l'estude.
Par elle tous les iours comme maistre absolu,
Ie fais faire aux Demons ce que i'ay resolu,

C iij

Et mon pouuoir cogneu dans tous les coings du monde
Met c'en deſſus deſſous le Ciel la terre & l'onde:
Des iours ie fais des nuicts , des nuicts ie fay des iours
I'arreſte le Soleil au milieu de ſon cours,
Ou la honte qu'il a d'obeir à mes charmes
Souuent luy fait noyer ſon viſage de larmes :
Les broüillards par le frein de mes enchantemens
Dans le vague de l'air changent leurs mouuements.
Et portent où ie veux de l'onde ou de la terre
La tempeſte , le vent, la greſle & le tonnerre.
Quand le fier Aquilon l'horreur des Matelots
Met la guerre ciuille en l'Empire des flots
Bien qu'il ait de Neptune irrité la puiſſance
Mon ſeul commandement excuſe ſon offence:
Bref, ie ſuis tout puiſſant ſi toſt que des Enfers
Mon art à deliuré les eſprits de leurs fers:
N'eſt-il pas vray Demons, ſpectres, images ſombres,
Noirs ennemis du iour, phantoſmes, lares , ombres
Horreur du genre humain, trouble des elemens?
Qu'eſt-ce qui vous rend ſourds à mes commandemens?
Que retardez vous tant ? he quoy trouppe infidelle
Ne cognoiſſez vous pas la voix qui vous appelle?
Deſcouurez des enfers le funeſte appareil,
Que l'horreur de la nuict face peur au ſoleil,
Faictes couler le Stix deſſus noſtre hemiſphere,
Et faictes ſeoir Pluton au throne de ſon Frere,
Tonnez , greſlez, ventez, eſtonnez l'vniuers,
Monſtrez voſtre pouuoir & celuy de mes vers

Et vous qui dans vn verre en formes apparentes,
Imitez des abſents les actions preſentes
Faictes voir Ydalie auec ſon fauory
Iouïr des priuautez de femme & de mary,
Afin que ſa riuale en voyant ceſte feinte
Quitte la paſſion dont ſon ame eſt atteinte,
Et que de ce tyran qu'on craint meſme aux Enfers
Nous briſions auiourd'huy les priſons & les fers.

LVCIDAS.

Voila ma belle ingratte, où le Deuin demeure,
Si vous le voulez voir, allons tout à cette heure
Car ie l'entends deſia ſur le haut de ces monts
D'vne voix eſclattante inuoquer les Demons.

ARTENICE.

Allons donc Lucidas.

LVCIDAS.

Allons belle Artenice
Sçauoir de mon Riual l'infidelle artifice.

POLISTENE.

Mais ie croy que deſia voila ce pauure Amant
Qui cerche dans mon art la fin de ſon tourment?

LVCIDAS.

Venerable vieillard, dont l'obſcure ſcience
Ne tire ſa raiſon que de l'experience,
Et dont nos ſens rauis, & non pas ſatisfaicts
D'vne cauſe incogneuë admirent les effects,
Quand voſtre art leur decouure en ces noires merueilles
Les ſecrets ignorez des yeux & des oreilles.

C iiij

Ie vous viens retrouuer desireux de sçauoir
Ce que dans vostre glace il me doibt faire voir;
Permettez qu'auec moy ceste ieune Bergere
Contente son desir à voir ce qu'elle espere.

POLISTENE.

Mon fils ie le veux bien, vous pouuez librement
De tout ce que ie puis vser absolument.
Mais ie crains que ceste ame encore ieune & tendre
Ne transisse de peur, mais qu'il luy faille entendre
Les foudres esclattans & les horribles cris
Que font autour de moy ces bizarres esprits.

ARTENICE.

Non non ne craignez point ie suis bien asseurée,
Auant que d'y venir ie m'y suis preparée.

POLISTENE.

Ie vay donc de ce pas mes charmes commencer,
Ne bougez de ce lieu gardez, d'outrepasser
Les bornes de ce cerne imprimé sur la terre:
Ne vous ennuyez point ie vay querir le verre,
Ou mes enchantemens feront voir à vos ieux
Ce que le monde croit n'estre veu que des Dieux.

ARTENICE.

Nous attendrons long temps.

LVCIDAS.

　　　　　　C'est ce que i'apprehende
Mais il faut trouuer bon tout ce qu'il nous commande

ARTENICE.

Dieux qu'est-ce que ie voy

LVCIDAS.

Dieux qu'eſt-ce que i'entends

ARTENICE.

Que de Monſtres hideux.

LVCIDAS.

Que de feux eſclattans,
D'horribles tourbillons, d'eſclairs & de tempeſtes
Dans ce nuage eſpais s'aſſemblent ſur nos teſtes.

ARTENICE.

Tout le Ciel eſt couuert d'vne noire vapeur.

POLISTENE.

Ne vous eſtonnez point vous n'aurez que la peur.

ARTENICE.

Faiĉtes donc apaiſer cét horrible tonnerre,
Qui ſemble menacer le Ciel, l'onde, & la terre.

POLISTENE.

Courage mes enfans, bien toſt ie me promets
De vous rendre le iour auſſi clair que iamais.

ARTENICE.

Ie croy qu'il dira vray, la nuë eſt diſſipée
La terre de brouillards n'eſt plus enueloppée,
Son ſçauoir admiré des ames & des yeux,
Rend le beau temps au monde, & le Soleil aux cieux,
Dieux ! que ſur ces Demons il s'eſt acquis d'Empire,
Voyez quel changement, ils font ce qu'il deſire,
Et ſemble qu'il les tient ſous ſon pouuoir enclos,
Comme Aeole les vents, ou Neptune les flots.

POLISTENE.

Tenez ieunes Bergers confiderez ce verre
C'eſt le portraict naif des ſecrets de la terre.
maintenant que mon art à ſa puiſſance ioint
Luy fait rendre à nos yeux les obiects qu'il n'a point:
Commencez vous à voir?

LVCIDAS.

Nous commençons à peine
A deſcouurir vn peu dés deux bords de la Seine,
Qui ſerrant en ſes bras ces beaux champs plantureux
Fait cognoiſtre à chacun l'amour qu'elle a pour eux:
Quel eſclat de grandeurs reluit en ces riuages
Quel amas de Palais riches de leurs ouurages,
Ou la nature & l'art ſemblent de tous coſtez
Diſputer à l'enuy le prix de leurs beautez?
Que ces ruiſſeaux d'argent fugitifs des fontaines
Coullent de bonne grace au trauers de ces plaines.
Voyez vous au deſſous de ce petit couppeau
Le Berger Alcidor qui meine ſon trouppeau?

ARTENICE.

Ouy certes ie le voy bien prés de ſa maiſtreſſe
On recognoiſt aſſez le deſir qui les preſſe

LVCIDAS.

Le vermillon leur vient, ils entrent dans le bois
Tous deux ſous vn ormeau s'aſſiſent à la fois.
Que ie voy de baiſers prins a la deſrobée.

ARTENICE.

O Dieux en quel malheur se void elle tombée!
Que leurs sales plaisirs, detestez en tous lieux,
Font de peine à mon cœur, & de honte à mes yeux:
Que long temps cét affront viura dans ma memoire.

LVCIDAS.

Au moins vous l'auez veu: vous n'en vouliez rien croire.

ARTENICE.

Ie n'en ay que trop veu pour mon contentement,
Peut-on plus se fier en la foy d'vn Amant?
Va, triomphe à ton aise esprit plein d'artifice
De l'honneur d'Ydalie & du cœur d'Artenice
En me voyant punie auec indignité
De m'estre trop fiée en ta legereté.
Quant à moy desormais le seul bien que i'espere
Est de passer ma vie au fond d'vn Monastere,
Où sage a mes despens ie feray que mes yeux
Ne seront plus espris que de l'amour des Cieux.

LVCIDAS.

Vous pleurez vne perte indigne de vos larmes,
La faute est à ses yeux & non pas à vos charmes,
Qui pourroient arrester les cœurs les plus legers,
Et contraindre les Dieux d'estre encore Bergers.

ARTENICE.

Que seruent Lucidas toutes ces flateries,
Ie ne me repais plus de vos caioleries,
Ie prends congé du monde & de ses vanitez,
Qui sucrent le venin de tant d'impietez;

Adieu donc pour iamais plaisirs pleins d'amertume,
Adieu vaine esperance, où l'âge se consume,
Adieu feux insensez autheurs de mes ennuis,
Adieu doux entretien, où ie passois les nuits,
Adieu rochers & bois, adieu fleuues & plaines,
Qui sçauiez de mon cœur les plaisirs & les peines:
Adieu sages parens de qui les bons aduis,
En mon aueuglement furent si mal suiuis,
Adieu pauure Berger dont la perseuerance
Reçoit de mon amour si peu de recompence;
Adieu sage vieillard dont l'art prodigieux
Fait que la verité se descouure à mes yeux:
Adieu pauures brebis, que i'ay si mal pensées
Pendant qu'vn autre soin occupoit mes pensées:
Adicu donc Lucidas, encore vn coup adieu
Ie vay finir mes iours dedans quelque sainct lieu,
Où iamais le malheur ne me pourra desplaire.

LVCIDAS

Comment c'est tout de bon ?

POLISTENE.

Il la faut laisser faire;
Vn mal si violent est sourd à la raison
Son secours à present seroit hors de saison,
Le temps seul peut guerir vne si grande playe.

Pere vous dictes vray, c'est en vain qu'on essaye
A consoler vne ame au fort de son malheur
Les remedes trop prompts irritent la douleur:
C'est pourquoy le meilleur est d'aller à ceste heure
Passer dans le village où son pere demeure,
Afin de l'aduertir qu'il la suiue de prés
Cependant que le mal est encore tout frais.

ACTE SECOND.

SCENE CINQVIESME.

ALCIDOR, YDALIE, ARTENICE.

ALCIDOR.

QVE le Soleil est haut! desia de ces colines,
L'ombre ne s'est plus dans les plaines voisines,
Desia les Laboureurs lassez de leurs trauaux
Tous suants & poudreux emmeinent leurs cheuaux.
Desia tous les Bergers se reposent à l'ombre
Et pour se festoyer des mets en petit nombre
Que la peine & la faim leur font trouuer si doux
Font seruir au besoin de table à leurs genoux:
Les oyseaux assoupis la teste dans la plume
Cessent de nous conter l'amour qui les consume
L'air est par tout si clair, qu'il deffend à nos yeux
D'admirer les Saphirs, dont il pare les Cieux:

Le Soleil trop à plomb nous void sur ce riuage,
Il nous faut retirer & nous mettre à l'ombrage
De ce boccage espais, où l'on diroit qu'Amour
A voulu marier la nuict auec le iour

YDALIE.

Helas! mon frere helas! en quelque part que i'aille
Ie ne puis moderer le feu qui me trauaille.
I'ay par tout le Soleil autheur de mon ennuy
Les antres ny les bois n'ont point d'ombres pour luy.

ALCIDOR

Quelle secrette ardeur vous ronge le courage?

YDALIE.

Ce que i'ay dans le cœur se list dans mon visage.
Ie voudrois bien le dire & ne le dire point
Ie sçay bien en cela ce que l'honneur m'enjoint,
Et ne puis sans rougir, quoy que ie me propose
En vous le descouranten descouurir la cause.

ALCIDOR.

Pourquoy ma chere sœur? quelle timidité
Retient vostre discours en ceste obscurité?

YDALIE.

Pleut à ce petit Dieu qui me reduit en cendre
Que sans vous en parler vous le peußiez entendre.

ALCIDOR.

Auez vous des secrets, dont vous n'osiez parler
A celuy dont le cœur ne vous peut rien celer?

YDALIE.

Las! c'est außi le seul que ie ne vous puis dire.

ALCIDOR.

Quand vous me le diriez en deuiendroit-il pire?
Ay-ie quelque interest en vostre passion,
Qui vous face doubter de ma discretion?

YDALIE.

Au trouble où ie me voy ie ne sçay comment faire,
Iene vous l'ose dire, & ne vous le puis taire.

ALCIDOR.

Ma sœur ne craignez point, dictes-le librement,
Il ne faut point rougir pour auoir vn Amant:
La seule opinion rend ce plaisir blasmable,
Et si c'est vn peché le Ciel mesme est coupable
Combien qu'il le deffende il en est desireux
Il est au renouueau de la terre amoureux
Il void de tous ses yeux ses beautez raieunies
Elle sent dans son cœur leurs flames infinies
Et s'estoillant de fleurs tasche à se conformer
Auec celuy qui l'aime, & qu'elle veut aimer.
Leur mutuelle ardeur rend la terre feconde,
Et le feu s'en respend dans tous les cœurs du monde,
Ces rochers & ces bois n'entendent nuict & iour
Que de pauures Bergers, qui se pleignent d'amour
S'ils ne sont point suspects aux secrets de tant d'autres
Quelle crainte auez vous d'y declarer les vostres?

YDALIE.

Que seruira cela?

ALCIDOR.

C'est vn soulagement.
D'oser en liberté declarer son tourment:
Il n'est rien de si doux aux ames bien atteintes
Que de pouuoir trouuer à qui faire leurs plaintes,
Vn mal se diminuë & n'est plus que demy
Quand nous le partageons auecques nostre amy.

YDALIE.

Mais c'est à ces amis compagnons de fortune,
Qu'on aime seulement d'vne amitié commune.

ALCIDOR.

Ma sœur c'est au contraire à ceux qu'on aime bien
Il faut ouurir son cœur & ne leur celer rien.

YDALIE.

Le mien vous est ouuert, ces souspirs tous de flame
Vous descouurent assez ce que ie sens dans l'ame.

ALCIDOR.

Ces souspirs enflamez, dont ie suis spectateur,
En disant vostre mal n'en disent point l'Autheur.

YDALIE.

Las il ne m'entend point ie me rends trop obscure,
Il a comme le cœur l'intelligence dure.

ALCIDOR.

Ie ne sçay pas de vray pourquoy vous differez
A me nommer celuy, pour qui vous souspirez?

YDALIE.

Vous le verrez bien tost, & sans beaucoup de peine,
Si vous baissez les yeux dans les flots de la Scine.

Alcidor.

ALCIDOR.

Helas ! ie vous entends & tiendrois à bon-heur
D'auoir en moy dequoy meriter cét honneur.
I'ay pitié de vous voir le visage si blesme
Assez depuis trois ans i'ay cogneu par moy-mesme,
Quel tourment c'est d'aimer, & de n'esperer rien
Ie deplore en cela vostre sort & le mien.

YDALIE.

Vous seul à tous les deux pouuez donner remede.

ALCIDOR.

Ouy si i'estois guery du mal qui me possede.

YDALIE.

Las ! guerissez-vous donc afin de me guerir.

ALCIDOR.

De manquer à ma foy, i'aymerois mieux mourir.

YDALIE.

Vostre mort en cela seroit mal employée.

ALCIDOR.

Heureux si le destin me l'auoit enuoyée,
Ie ne sçaurois mourir pour vn plus beau subiect.

YDALIE.

Vos desirs feront mieux d'auoir vn autre obiect.

ALCIDOR.

La Seine dans son lict verra plûtost son onde
Rebrousser contre-mont sa source vagabonde.
Et plûtost uos brebis paistront dessus les flots,
Que ie brize les fers, qui me tiennent enclos,

D

Et qu'on voye Alcidor engager son seruice
Soubs vn autre pouuoir que celuy d'Artenice.

YDALIE.

Puis qu'elle n'est pas libre en son affection,
Vous n'en aurez iamais que de l'affliction,
Et vieillirez tous deux en ces pourfuittes vaines
Auant que de cueillir le loyer de vos peines:
Son pere & ses parens ne le desirent pas.

ALCIDOR.

Ie suis assez content d'adorer ses appas
Combien que son destin soit à mes vœux contraire
L'honneur que i'en reçoy me tient lieu de salaire.

YDALIE.

Languirez-vous touiours en si dure prison?

ALCIDOR.

Ouy si ie ne perdois le sens & la raison.

YDALIE.

Appellez-vous raison d'aymer sans esperance ?

ALCIDOR.

La raison nous oblige à la perseuerance,
Apres que nous auons engagé nostre foy.

YDALIE.

Vous ne voulez donc point auoir pitié de moy ?

ALCIDOR.

Que peut vn affligé, dont le mal incurable
A luy-mesme le rend luy-mesme inexorable?
Mais si vous receuez quelque contentement
De me voir comme frere & non pas comme amant

Nous nous verrõs tousiours, sans contrainte & sans peine
En gardant nos troupeaux sur le bord de la Seine.

YDALIE.

Puis que pour posseder le bon-heur de vous voir
Il faut reigler mes vœux au loix de mon debuoir
Bien qu'il soit mal aisé belle ame de mon ame
De paroistre de glace estant toute de flame:
Toutesfois pour iouïr d'vn bien qui m'est si doux
Ie t'airay pour vn temps l'amour que i'ay pour vous.

ALCIDOR.

Vous me permettrez donc d'aller voir ceste belle,
Qui seule & sans troupeau dans ce bois se recele:
Beauté le cher soucy de tant de beaux esprits,
Qui d'vne belle flame auez mon cœur espris,
Merueille d'icy bas chef-d'œuure de nostre age,
Ou la nature mesme admire son ouurage.
Quel soin guide vos pas en ces lieux escartez.

ARTENICE.

Quoy tu ne rougis point de tes desloyautez?
Tu me parles encor' meschant, ingrat, pariure
Apres que tu m'as fait vne si grande iniure?

ALCIDOR.

Qu'elle rage vous meut à me traicter ainsi?

ARTENICE.

Ce que tout maintenant tu viens de faire icy

ALCIDOR.

O quelle calomnie! ô Dieux quelle malice!

D ij

ARTENICE.

Voyez qu'il est meschant & remply d'artifice!
Laisse moy desloyal ne m'importune plus.

ALCIDOR.

Beauté dont mon malheur à son flus & reflus,
S'il vous reste dans l'ame vn rayon de iustice
Pour le dernier loyer de trois ans de seruice
Differez d'vn moment l'arrest de mon trespas,
Auant que de m'ouïr ne me condamnez pas ?
O Dieux elle s'en va sans me vouloir entendre!
O destins trop cruels que voulez vous attendre
A couper de mes ans le filet malheureux ?
N'estes vous sans pitié que pour les amoureux?
Et toy pere du iour, dont la flame feconde,
Comble de tant de biens tout ce qui vit au monde,
Seul astre sans pareil arbitre des saisons
Qui pares de splendeur les celestes maisons:
Iadis i'ay comparé des yeux de ma cruelle
La flame perissable à ta flame immortelle
Pourquoy ne punis tu pour t'auoir offensé
D'vne eternelle nuict ce blaspheme insensé?
A quoy me sert de voir ta lumiere importune?
A quoy me sert ma vie en butte à la fortune ?
Il vaut mieux:il vaut mieux en arrester le cours,
Et mourir vne fois que mourir tous les iours.

COEVR DES BERGERS.

I Oüets du temps & de l'enuie,
Esprits dans le monde agitez,

Qui paſſez toute voſtre vie
Beant apres les vanitez:
Que vos deſirs ſont miſerables
Que vos grandeurs ſont peu durables,
Et que l'eſpoir eſt glorieux
Des ames deuotes & ſainctes
Qui libres de ſoings & de craintes,
Viuent en terre comme aux cieux !

En vne eternelle bonace
Tous leurs iours ont vn meſme ſort
Leur vie exempte de menace
Ne voit l'orage que du port :
Au lieu que la noſtre eſt complice
De tant de malheur & de vice,
L'vn de l'autre ſe nourriſſant
Qu'à bon droict la mieux fortunée
Porte enuie à la deſtinée
De ceux qui meurent en naiſſant.

Nos impietez execrables
Ne ſe peuuent plus endurer
Les aſtres les plus fauorables
Ont horreur de les éclairer
Tant de ſignes dans les Planettes
Tant d'eclypſes, tant de comettes
Et tant d'effects prodigieux
Ne ſont ce pas des Propheties
Aux ames les plus endurcies
De la iuſte fureur des Dieux.

D iij

Ie ſçay bien que l'outrecuidance
Qui nous fait ſortir du deuoir
Nous figure leur prouidence
Sans paſſion & ſans pouuoir,
Mais au premier coup de tonnerre,
Dont le Ciel menace la terre
La frayeur ſaiſit les mortels,
On voit leurs rages aſſoupies,
Et les ames les plus impies
Embraſſer le pied des Autels.

　　O trois fois heureuſe Artenice
Qui fais par generoſité,
Ce que la terreur du ſupplice
Exige de leur laſcheté,
Et qui ſagement retirée
Des plaiſirs de peu de durée
Dont nous ſommes ambitieux,
En vne paix douce & profonde
T'exempte du trouble du monde,
Et de là colere des cieux.

ACTE TROISIESME.

SCENE PREMIERE.

ARTENICE.   PHILOTEE.

ARTENICE.

QVE cette vie eſt douce he que ie ſuis contente
D'auoir trouué ce lieu conforme a mon attente,
Que t'y trouue d'appas qui charment ma douleur,
Que le ſort m'a renduë heureuſe en mon malheur !
Doux poiſon des eſprits amoureuſe penſée,
Qui me ramenteueʒ ma fortune paſſée,
Eſloigneʒ vous de moy, ſortez de ces ſainſts lieux
Les cœurs ny ſont eſpris que de l'amour des cieux!
La gloire des mortels n'eſt qu'ombre & que fumée.
C'eſt vne flame eſteinte auſſi toſt qu'allumée.
Deſillez vous les yeux vous dont la vanité
Prefere cette vie à l'immortalité.
Maintenant que ie gouſte vne paix ſi profonde,
Que i'ay pitié ma ſœur de ceux qui ſont au monde,
Et qui ſur cette arene eſmeuë à tous propos
Fondent ſans iugement l'eſpoir de leur repos.

PHILOTEE.

Ma ſœur ne plaignez point ceux que le ſort conuie
A paſſer loing de vous la courſe de leur vie,

D iiij

Parmy les vanitez qui ne font point icy
Où le combat eft grand la gloire l'eft aufſi,
Nous viuons fur la terre en eternelle peine,
Et de plufieurs chemins par où le ciel nous meine
Au repos glorieux qui nous eft preparé,
Celuy que nous tenons eft le plus afſeuré
Benifſez donc, ma fœur, fa bonté paternelle,
Qui nous met au chemin de la vie eternelle:
Et benifſez aufſi la tempefte du fort
Qui du milieu des flots vous à iettée au port.
Les Dieux diuerſement nous retirent du monde
Leſprit ne peut fonder leur prudence profonde
C'eft d'eux d'où le Soleil emprunte fa fplendeur
Il faut en fe taifant admirer leur grandeur,
Alors que vous perdieZ au milieu des delices
Qui cachent comme fleurs les abyfmes des vices
Ces efprits toufiours prefts au fecours des humains
Vous fauuent du naufrage & vous tendent les mains
OublieZ donc le feu de cè berger pariure
Qui fait à voftre amour vne fi grande iniure
DonneZ leurs vos penfers voftre ame & vos appas,
Ces amants tous parfaits ne vous tromperont pas.

ARTENICE.

Ie vous croiray ma fœur leur bonté m'y conuie
Et tant que le deftin me laifſera la vie,
Iamais autre defir n'entrera dedans moy
Que de leur conferuer mon amour & ma foy

C'eſt en ceſte aſſeurance auſsidouce que ſaincte,
Que ie veux terminer mon eſpoir & ma crainte.

PHILOTEE.

Quand on vient en ce lieu deuant que s'engager
Au vœu, que nous faiſons il faut bien y ſonger;
Noſtre regle eſt eſtroitte & mal aiſée à ſuiure
Dans vn deſert auſtere il faut mourir & viure,
Prendre congé du monde & de tous ſes plaiſirs,
N'auoir plus rien à ſoy pas meſme ſes deſirs,
Mediter & ieuſner auecques patience,
Et ſouffrir doucement la loy d'obediance:
Nous en voyons aſſ⬛pareilles à vous
Pour vn prompt deſeſpoir ſe retirer chez nous,
Mais quand il faut ieuſner, & faire penitance
Souuent leur deſeſpoir ſe tourne en repentance:
Conſeillez vous aux Dieux penſez y meurement,
Ne vous engagez point inconſiderement.

ARTENICE.

Ma ſœur cette harangue eſt pour moy ſuperfluë,
Auant que d'y venir ie m'y ſuis reſoluë,
Et croy qu'auec le temps i'euſſe faict par raiſon
Ce que par deſeſpoir i'ay fait hors de ſaiſon.

PHILOTEE.

Qui ſont ces deux vieillards que ie voy dans la plaine?

ARTENICE.

C'eſt mon pere & mon oncle, ô Dieux qu'ils ont de peine!
Que ie crains leur abord! que ie plains leur ſoucy!

Dieux qu'ils font importuns! qui les ameine icy
Tourmenter mon esprit de leurs raisons friuoles,
Et perdre sans effect leurs pas & leurs paroles?

PHILOTEE.

Ie vous laisseray seule afin que librement
Ils vous puissent tous deux dire leur sentiment.

ACTE TROISIESME

SCENE SECONDE.

SILENE, DAMOCLE, ARTENICE.

SILENE.

DANS ce boccage espais loin du peuple profane,
C'est où ma fille sert les Autels de Diane,
Le bon-heur nous conduict, nous ne pouuions choisir.
Vn temps plus à propos selon nostre desir.
La voila toute seule au frais de ce boccage :
Ma fille, he ! qui vous meut à quitter le village
Pour venir demeurer en de si tristes lieux ?

ARTENICE.

Pour la haine du monde, & pour l'amour des cieux.

SILENE.

D'où vous vient cette humeur en l'Auril de vostre âge?
Si se sont les effects d'vne amoureuse rage,
Nommez nous en l'Autheur ?

ARTENICE.

C'eſt tout ce que ie crains
Que de vous declarer celuy dont ie me plains.
Parce qu'en l'accuſant moy-meſme ie m'accuſe.

SILENE.

C'eſt extreme remords dont voſtre ame eſt confuſe,
Repare aſſez le mal que vous tenez caché.

ARTENICE.

Voſtre ſeule deffenſe en a fait vn peché :
Si vos iuſtes rigueurs, dont ie feus menacée
Euſſent peu trouuer place en ma raiſon bleſſée
Mon cœur ne plaindroit pas l'ennuy que ie reçoy,
De voir vn eſtranger m'auoir manqué de foy?

SILENE.

Elle en a dit aſſez, nous le pouuons cognoiſtre,
L'excuſe qu'elle faict nous fait aſſez paroiſtre
Que c'eſt ce beau garçon qui s'éleua chez vous,
Lors que ſon bon deſtin l'arreſta parmy nous.

ARTENICE.

Mon pere c'eſt luy-meſme : excuſes mon enfance:
Il eſt vray ie l'aimois contre voſtre deffence,
Ce meſchant, cét ingrat, cét eſprit inconſtant.

DAMOCLEE.

Quel ſubiect auez vous de vous en plaindre tant?

ARTENICE.

Ne vous enquerez point de ceſte perfidie,
Vous la ſçaurez trop toſt ſans que ie vous la die?

DAMOCLEE.

Quel timide respect vous deffend d'en parler,
Est-ce quelque secret, qu'on me doibue celer?

SILENE.

Ma fille, dictes luy puis qu'il vous le commande.

ARTENICE.

Par où commenceray-je ? ô Dieux ! que i'apprehende
De vous entretenir de ce triste discours,
Qui comblera d'ennuy le reste de vos iours.

DAMOCLEE.

Depeschez vous, ma niepce, en vain on me le cache,
Quand ce seroit ma mort il faut que ie le sçache.

ARTENICE.

D'vn autre que de moy le puissiez vous sçauoir.

DAMOCLEE.

Que de peurs à la fois vous me faictes auoir
Que vous m'apprenez bien qu'en vn subiect de plainte
Le plus souuent le mal est moindre que la crainte !

ARTENICE.

Le crime qu'Alcidor à fait contre sa foy
Vous offense, mon oncle, aussi bien comme moy.

DAMOCLEE.

Est-ce point que ce traistre abusant de ma fille
Auec elle eust taché l'honneur de ma famille?

ARTENICE.

Helas i'en ay trop dit.

DAMOCLEE.

　　　　Acheuez promptement
Dictes nous en quel lieu, quand ce fut , & comment.

ARTENICE.

Que ie ſens de regrets & de douleurs mortelles
En faiſant le recit de ces triſtes nouuelles:
Sur la riue de Seine en ces lieux eſcartez,
Que ſon cours ſinueux, borné de trois coſtez.
Eſt dans vn petit bois vn cabinet champeſtre,
D'où ſans ſe faire voir l'on void ſes brebis paiſtre.
Là ces ieunes amants vont preſques tous les iours
Eſteindre en liberté le feu de leurs amours,
Et deſia leurs plaiſirs penſent couurir leur crime
Soubs vn vœu fait entre eux qui nomme legitime;
Et penſent que des maux, dont ils ſont entachez
Ils ſont aſſez abſous en les tenant cachez:
Mais Lucidas & moy conſultant les myſteres,
Que Poliſtene obſerue en ſes grottes auſteres;
Recognuſmes au iour d'vn criſtal enchanté
Ce que le bois cachoit dans ſon obſcurité.

DAMOCLEE.

O Dieux que dictes vous!

ARTENICE.

Ie rougis quand i'y penſe,
Et ma condition ne peut auoir diſpenſe
De conter deuant vous les profanes plaiſirs,
Dont ils aſſouuiſſoient leurs amoureux deſirs:
Cy toſt que le Deuin imprimant ſur l'argille
Nous eut preſcrit vn cerne, ou pluſtoſt vn azile,
Et qu'il eut par trois fois inuoqué les demons
D'vne voix eſtouffée en ſes foibles poulmons,

Dans l'air clair & serain meints nuages s'estendent,
De meints estrange voix les murmures s'entendent,
Des morts pasles & froids sortent du monument,
Il semble que l'enfer s'assemblent au firmament,
L'air esclatte frappé de meint coup de tonnerre,
Et l'ombre de la nuict enuironne la terre,
A l'heure la frayeur commence à me saisir
Tous mes sens estonnez ne sçauent que choisir :
Mes vœux sont sans effect aussi bien que mes larmes,
Le vieillard cependant coutinuoit ses charmes,
Vn orage bouffy, qui se fendit en deux
Peupla l'obscurité de phantosmes hideux,
D'où des lances de feu, de respect retenuës ,
Descendent sur ma teste, & remontent aux nuës,
Et lors pour tesmoigner son pouuoir souuerain
Ses seuls commandemens rendirent l'air serain,
Des tourbillons esmeus calmerent l'insolence,
Et mesmes aux Zephirs imposerent silence,
Il presente à mes yeux le cristal enchanté ,
Dont l'oracle muet m'apprit la verité,
Qui trop long temps cachée, & trop tost descouuerte
A produict mon salut en produisant ma perte :
Ie me sens toute esmeuë en regardant les lieux,
Que cette glace offroit à mes timides yeux,
Qui parmy les troupeaux, dont la plaine est remplie
Cognoissent aussi tost les brebis d'Ydalie
Ie contemple ce bois si plaisant & si beau,
Qui fut de son honneur l'agreable tombeau :

I'entrevoy son amant au pied d'vne colline,
Qui gardoit son troupeau dans la plaine voisine,
Son regard à la fois en tous lieux attaché
Monstroit assez le soin, dont il estoit touché,
Là ses moutons espars päissoient dans les campagnes
Là ses cheures pendoient au sommet des montagnes
Là son mastin veillant pour le salut de tous
Asseuroit leur repos des embusches des loups,
Il aduise Ydalie au milieu de la pleine,
Il luy veut abreger la moitié de la peine,
Tous deux d'vn pas esgal s'aduancent à la fois,
Ils trauersent les prés ils entrent dans les bois
Sans auoir que l'amour pour complice & pour guide
Il semble qu'à regret elle suit ce perfide,
La crainte & le desir la troublent en tous lieux
La honte est dans son teint & l'amour dans ces yeux
Elle resiste vn peu mais c'est de telle sorte
Qu'on void bien qu'elle veut n'estre pas la plus forte
Le cœur tout haletant en vain elle taschoit
A moderer l'ardeur du feu qu'elle cachoit
Mais en fin son amour triompha de sa honte,
En fin de son honneur elle ne tint plus conte,
Elle se laisse en proye au desir du Berger.

DAMOCLEE.

O desloyal! ô traistre! ô perfide estranger!
De qui l'ingratitude & l'amour impudique
Fond d'vn mal domestique vne honte publique,
Est-ce là le loyer du soing que i'eus de toy
Lors que tu vins enfant te retirer chez moy?

ARTENICE.

Il monstre bien qu'il est d'vne ingratte nature,
De s'attaquer à vous, dont il est creature,
D'où peut-il desormais esperer de l'appuy?

SILENE.

Vous auez en sa faute autant de tort que luy:
Tous les ieunes Bergers viuent sur la commune,
Sans respect & sans crainte ils cherchent leur fortune;
Laisser sa fille seule auec ces ieunes foux
C'est mettre vne brebis en la garde des loups.
Si vous eußiez eu soin de la tenir subiecte.
Elle n'eust iamais fait la faute qu'elle à faicte.

DAMOCLEE.

Vous dictes vray mon frere.

SILENE.

Il n'en faut plus parler.

DAMOCLEE.

que ie suis miserable.

SILENE.

il se faut consoler

DAMOCLEE.

La mort seule à pouuoir de consoler mon ame,
Mais il faut que deuant ie me laue du blasme,
Dont cette fille infame a mon honneur taché,
Et que deßus l'Autel expiant son peché
Son iuste chastiment à sa faute responde
Pour la gloire du Ciel & l'exemple du monde.

ARTENICE.

O Dieux qu'il est cruel!

Silene

SILENE.

Ma fille il a raifon
Ce crime tacheroit à iamais fa maifon.

ARTENICE.

Apres tant d'accidens qu'à toute heure on void naiftre
C'eft n'auoir point de fens que de ne point cognoistre
Que qui vit dans le monde il vift dans le malheur

SILENE.

Il falloit que mon frere euft part à ma douleur,
Il n'auoit comme moy que cefte feule fille
Il perd en la perdant l'efpoir de fa famille
Et moy fi ie vous perds ie perds en mefme temps
Le feul bien qui rendoit tous mes defirs contens
Voftre bon naturel maintenant vous conuie.
D'auoir pitié de ceux dont vous tenez la vie
Ce froid & pafle corps victime du tombeau,
Verra bien toft fes iours efteindre leur flambeau.
Attendez le fuccez des triftes deftinées,
Qui détordent defia le fil de mes années :
Helas ! ma fille helas ! qui me clora les yeux
Mais que mon pafle efprit foit monté dans les cieux?

ARTENICE.

Ie fçay ce que ie doibs à l'amour paternelle,
Mais il faut obeïr à celuy qui m'appelle,
Et qui mon premier pere à voulu prendre foing
De me tendre les bras & m'aider au befoing.

SILENE.

Les Dieux, que vous feruez en ce defert auftere,

E

N'ostent point les enfans d'entre les bras du pere:
Ce n'est point leur conseil, qui vous meut à cecy
Rien que le desespoir ne vous ameine icy ?

ARTENICE.

Le soing continuel de nostre bon Genie
Par des moyens diuers nos volontez manie,
Et de quelque façon qu'il nous vienne inspirer
Il luy faut obeir & ne point murmurer
Bien que le desespoir d'vne flame amoureuse
Ait conduict ma fortune en ceste vie heureuse
Puis qu'ainsi l'eternel pour mon bien le voulut
D'vn desespoir naistra l'espoir de mon salut.

SILENE.

Pensez vous le trouuer en ceste triste vie
Plustost que dans le monde où l'âge vous conuie?
Estimez vous que ceux qui n'ont fait que pour nous
Les plaisirs d'icy bas aussi iuste que doux
Vueille pour leur seruice en deffendre l'vsage?

ARTENICE.

Croyez vous que ce lieu solitaire & sauuage
En esloignant de nous la crainte & le desir
Esloigne de nos cœurs tout subiect de plaisir.
Voyez ces bois espais, voyez ceste verdure,
Ces promenoirs dressez par le soin de nature,
Et ce temple où les cœurs vrayement deuotieux
Destinent leur repos à la gloire des cieux,
Voyez en cét enclos les lieux où Philotée
Fait depuis si long temps sa demeure arrestée

Et vous mesme auouërez exempt de passion
Qu'ils n'ont pas moins d'attraits que de deuotion.

ACTE TROISIESME.

SCENE TROISIESME.

CLEANTE.

HElas ! que de l'amour les passions diuerses
Dans l'esprit des mortels apportent de trauerses :
De combien de tourment, de peine, & de desir
Il nous fait achepter vn moment de plaisir
Ce miserable amant plus fidelle que sage
Aux despens de sa vie en fait l'apprentissage
Il s'est precipité pour finir son ennuy
Dans les flots plus humains à luy-mesme que luy :
La vague courroucée & d'escume couuerte
Mesme au fort de son ire eut pitié de sa perte,
Par trois ou quatre fois elle l'a sousleué
Pour le rendre à la terre où ie me suis treuué
Mais sa vie & sa mort sont encore incertaines
Vne tiede chaleur est restée en ses veines
Et semble que son cœur fait ses derniers efforts
Pour retenir son ame aux prisons de son corps,
Ie voudrois bien me rendre à son mal secourable
Mais en le secourant ie me rendrois coupable :

E ij

Ceux qui de ce malheur ne s'informeroient pas
Me iugeroient moy-mesme autheur de son trespas.
Vn Temple de Diane est au bord de ceste onde,
Où les cœurs nettoyez des souillures du monde
Sçauent des faits doubteux choisir la verité
Auec moins d'artifice & plus d'integrité
Ie m'en vas en ces lieux amis de l'innocence
Implorer de quelqu'vn la fidelle assistance.

ACTE TROISIESME.
SCENE QVATRIESME.

ALCIDOR, CLEANTE, ARTENICE, SILENE.

ALCIDOR.

EN quel lieu m'a conduict la cruauté du sort,
Suis-je en terre ou dans l'eau, suis-je viuãt ou mort?
Qu'est-ce qui tient encor' mon ame prisonniere?
D'où prouient à mes yeux ceste triste lumiere?
Quoy? le Ciel ou l'Enfer ont ils quelque flambeau,
Qui trouble le repos en la nuict du tombeau?
Que ne suis-je en ces lieux eternellement sombres?
Me refuse-i'on place en la trouppe des ombres?
Veut-on qu'errant tousiours soubs la voûte des Cieux
I'esprouue en tous endroicts la iustice des Dieux?

Où que mon pasle esprit vaine terreur du monde
Se pleigne incessamment aux riues de cette onde,
Où mon cœur au mespris de la diuinité
N'aguere idolatroit vne ingrate beauté ?
N'est-ce pas là le bois, n'est-ce pas là la plaine,
Où viuant i'auois soin de mes bestes à laine ?
Ces valons reculez de la flamme du iour,
N'est-ce pas où i'allois souspirer mon amour.
A ces vieux bastimens de qui l'on void à peine
Les ornements du faiste estendus sur l'arene
A ces murs esboulez par la suitte des ans
Ie recognois ces lieux autrefois si plaisans
Quand la belle Artenice honneur de son village
Amenoit son troupeau dans nostre pasturage.
Ces aliziers tesmoings de nos plaisirs passez
Ont encore en leur tronc nos chiffres enlacez :
Cette vieille forest d'eternelle durée
L'accusera sans fin de sa foy pariurée.
Ces vieux chesnes ridez sçauent combien de fois
Ses plaintes ont troublé le silence des bois
Lors qu'en la liberté de leur ombre immortelle
Elle osoit prendre part au mal que i'ay pour elle
Viuez doncques forests viuez doncques tousiours
Pour estre les tesmoins de nos chastes amours.
Mais que de visions, qui passent & repassent,
Que de phantosmes vains en ces riues s'amassent,
Sont-ce morts ou Demons, qui s'approchent de moy ?
Tout fait peur à mes yeux ! Dieux qu'est-ce que ie vay ?

E iij

Belle ame le miroir des ames les plus belles
Auez vous donc quitté vos despouilles mortelles?
Quels tourmens douloureux ! quels funestes remords?
Vous ont fait ennuyer dedans vn si beau corps?
Quoy voulez vous encor ! ô ma chere infidelle
Trauerser mon repos en la nuict eternelle ?
Quel destin malheureux vous à conduict icy.

CLEANTE.

Ne vous estonnez point de ce qu'il parle ainsi,
La fureur le domine auec tant de puissance
Que sa raison malade en perd la cognoissance.

ARTENICE.

Quelque mal que ie vueille à sa desloyauté
I'ay pitié de le voir en ceste extremité,
Le tort qu'il m'auoit fait n'estoit pas vne offence,
Qui le d'eust obliger à tant de penitance:
Il le faut aduoüer ie plains bien son malheur,
Mon pere pardonnez à ma iuste douleur!
Ie ne la puis celer tant elle est vehemente.
O Dieux ie n'en puis plus le mal qui le tourmente
M'a troublé tous les sens aussi bien comme à luy.

SILENE.

Ma fille appaisez vous moderez vostre ennuy !
Domptez vostre douleur auant qu'elle s'augmente.
O Dieux elle se meurt ! secourez moy Cleante!

CLEANTE.

Helas! auquel iray-ie ils se meurent tous trois?
Tous trois sont estendus sans parole & sans voix.

Qu'heureux estoit le siecle ou parmy l'innocence
L'amour sans tyrannie exerçoit sa puissance,
Quand le Ciel liberal versoit à pleine mains.
Tout ce dont l'abondance assouuit les humains,
Et que le monde enfant n'auoit pour nourriture
Que les mets aprestez par le soin de nature,
L'esgalité des loix chassoit l'ambition,
Pas vn ne se plaignoit de sa condition,
Le sanglant desespoir, ny l'enuie au teint blesme
N'auoient point rendu l'homme ennemy de soy-mesme.
La vieillesse caduque ignorant leur effort
A pas lents & certains nous menoit à la mort:
Les yeux n'estoient point faits à l'vsage des larmes,
L'amour n'estoit point Dieu de malheurs & d'alarmes,
La honte ny l'honneur qui regnent auiourd'huy
Ne s'estoient point encor reuoltez contre luy
Il estoit absolu dessus les belles choses,
Son arc au lieu de traicts ne tiroit que des roses,
Et nos desirs vaincus par nos contentemens
Ne seruoient aux plaisirs que d'assaisonnements.

ALCIDOR.

D'où vient-je? qu'ay-je fait? quelle rage aueuglée
A depuis si long temps ma raison desreglée?
Qui m'a mis en ce lieu? qui sont ceux que ie voy
Au long de ce riuage estendus comme moy?
D'où vient que ce vieillard sans voix & sans halaine
Soustient ainsi la teste à ma belle inhumaine?

O Dieux! elle se meurt : tout le monde est en pleurs :
Helas! pourquoy destin pour voir tant de malheurs
Rendez vous à mes sens l'vsage de la vie ?

CLEANTE.

Berger consolez vous l'amour vous y conuie
Afin de consoler ceste ieune beauté
Qui prend part à l'ennuy qui vous a tourmenté !

ALCIDOR.

O l'heureux changement ! que dictes vous Cleante
CLEANTE.
Vostre mal à causé la douleur violente
Qui l'a mise en l'estat où vous la pouuez voir.

ALCIDOR.
Qu'Amour & la fortune ont sur nous de pouuoir!
O cœur de diamant helas ! est-il possible
Qu'à la fin la pitié vous ait rendu sensible ?
Inhumaine beauté que ie benis vos fers
Puis que vous prenez part aux maux que i'ay soufferts.
Las ! si la voix vous manque ainsi que le courage
D'vn seul clin de vos yeux donnez m'en tesmoignage
Afin qu'auant ma mort ie puisse encore voir
Ces astres dont ma vie adoroit le pouuoir
Pour la derniere fois soyez moy fauorable.

ARTENICE.
Est-ce vous mon Berger ? est-ce vous miserable?
Quel desespoir vous rend si sourd au reconfort?
Helas ! gardez vous bien d'aduancer vostre mort.

Ie mourrois auec vous nos amoureuses flames,
Font dans vn mesme cœur respirer nos deux ames.

ALCIDOR.

N'ayez point cette peur beaux astres inhumains
Vous tenez pour iamais mon destin en vos mains
Quand mesme la douleur m'auroit l'ame rauie
Vous auriez le pouuoir de me rendre la vie.

ARTENICE.

Ne parlons plus de mort mettons fin à nos pleurs:
Quelque iour le destin finira nos malheurs.

ALCIDOR.

Tout ce que i'en veux dire est que mon innocence
Vienne auant mon trespas à vostre cognoissance.

ARTENICE.

Quand d'infidelité vous seriez entaché
Vostre extreme remords absout vostre peché.

ALCIDOR.

Si ie m'estois distrait de vostre obeissance
La mort seule pourroit expier mon offence.

CLEANTE.

Guerissez vous tous deux pour iouir des plaisirs
Qu'vn heureux hymenée appreste à vos desirs.

ALCIDOR.

Si iamais le bon-heur accorde à mon enuie
De voir d'vn si beau nœud ma franchise asseruie,
Ie veux quand ie perdray la lumiere du iour
Que mon dernier souspir soit vn souspir d'amour:
Et que l'effort du temps à qui tout est possible
Perde contre ma foy le tiltre d'inuisible.

SILENE.

Ie ne me vis iamais si touché de pitié
Il me faut malgré moy souffrir leur amitié :
Sus donc mes chers enfans qu'aux nopces l'on s'appreste
Ie veux dés à ce soir en commencer la feste :
Pardonnez moy tous deux si trop iniustement
I'ay tousiours trauersé vostre contentement.
Allons donc au logis : venez aussi Cleante
Voir accomplir l'hymen d'vne amour violente :
Venez disner chez moy vous ne treuuerez pas
Ces mets seruis par ordre au superbes repas
Qui de tant d'artifices ont leurs graces pourueuë
Qu'il semble n'estre faicts que pour paistre la venë
Mais ce qui se pourra selon ma pauureté,
D'vn cœur libre & sans fard vous sera presenté.

COEVR DES BERGERS.

Tousiours la colere des Cieux
Ne tonne pas dessus nos testes
Tousiours les vents seditieux
N'enflent pas la mer de tempestes
Tousiours Mars ne met pas au iour
Des obiects de sang & de larmes
Mais tousiours l'Empire d'amour
Est plein de troubles & d'alarmes.

Que le Siecle d'or fust heureux
Où l'innocence toute pure
Ne prescriuoit aux amoureux
Que les seules loix de nature

Combien depuis ce premier temps
L'a honte, l'honneur & l'enuie
Ont aux esprits les plus contents
Aigrit les douceurs de la vie.

Dés l'heure l'on vid en tous lieux
S'esleuer la puissance feinte
D'vn nombre infiny de faux Dieux
Incogneus enfans de la crainte
L'ambition fille d'enfer
Mist le Sceptre en la main des Princes
Et Bellonne auecques le fer
Partagea la terre en Prouince.

Ses champs n'estoient point diuisez
Les richesses estoient esgales
Les antres qu'elle auoit creusez
Seruoient de chambres & de sales
Mais le monde hors de propos
Y fist murailles sur murailles
Et pour luy deschirer le dos
Tira l'acier de ses entrailles.

Parmy les jeux & les festins
Nos iours comblez d'heur & de ioye
Par les mains de mesmes destins
Estoient faicts d'vne mesme soye
La faueur ne faisoit point voir
L'vn au ciel l'autre dans la boüe
Et la fortune sans pouuoir
N'auoit point encore de roüe.

Mais de tous ces soings rigoureux
Qui regnant dans l'esprit des hommes
Font croire ceux là malheureux
Qui naissent au Ciecle où nous sommes:
Ce qui nous doibt le plus fascher
Est cét honneur qui nous ordonne
D'acheter & vendre si cher
Les plaisirs que l'amour nous donne.

ACTE QVATRIESME

SCENE PREMIERE

ARTENICE,   CLORISE.

ARTENICE.

TV ne peux ignorer ô ma chere Clorise
De quelle affection ie cheris ta franchise?
Tu lis dans mes pensers qui ne s'ouurent qu'à toy
Combien ton iugement a de pouuoir sur moy.
C'est la raison mon cœur pourquoy ie t'importune
De prendre maintenant le soing de ma fortune,
Tu sçais comme Alcidor apres ses longs trauaux
A selon ses desirs surmonté ses riuaux:
Et comme son amour qui tousiours perseuere
A touché de pitié la rigueur de mon pere:
Ie pense qu'à ce soir nous nous donnons la foy,
Ie ne te puis celer l'aise que i'en reçoy.

Mais comme à tous les biens que le Ciel nous enuoye
Tousiours quelque douleur se mesle à nostre ioye;
Vn doubte assez fascheux qui n'est point esclaircy
Tenant mon cœur glacé d'vn timide soucy
Me fait apprehender si ie te l'ose dire
Le succez de l'accord que mon amour desire.

CLORISE.

Vous me le deuez dire & ne me rien celer
Ie souffrirois la mort plûtost que d'en parler:
Il ne faut rien cacher aux personnes qu'on ayme
Ie suis auprés de vous comme vne autre vous mesme
Ce seroit faire tort à mon affection
Que de vous deffier de ma discrection

ARTENICE.

Il faut donc t'aduoüer le regret qui me presse
D'aller contre l'aduis de la bonne Deesse,
Qui s'apparoist la nuict aux yeux de mon penser
Et d'vn front courroucé me semble menacer
De rendre en mes amours ma vie infortunée
Si ie ne me marie au rang d'où ie suis née,
Ie l'ay tousiours seruie auec deuotion
Depuis que l'on me mist en sa protection
Aussi ie recognois ses graces tousiours prestes
A me fauoriser en toutes mes requestes
Quand mon pere voulut inconsiderement :
Preferant la richesse à mon contentement
Auecques Lucidas me rendre miserable
Ce qu'elle m'ordonnoit m'estoit fort agreable

Parce que ie ſçauois que ce riche Berger
Eſtoit comme Alcidor du ſang d'vn eſtranger,
Mais ma mere Chriſante à qui ie dis mon ſonge,
N'y prenãt point d'eſgard le print pour vn menſonge,
Et qu'auecque deſſein ie l'auois inuenté
Pour empeſcher l'accord qu'elle auoit proietté.
Et moy qui ne voyois que le ſeul Tiſimandre,
Où ſelon cét aduis mes vœux puiſſent pretendre,
Mon cœur n'eſtant pas libre en ceſte election,
Ce Berger fut l'obiect de mon affection.
Ie fais ce que ie puis pour diuertir la flame,
Que l'ingratte Ydalie à fait naiſtre en ſon ame
Mais ie trauaille en vain ſon tourment & le mien
Font que depuis cinq ans ie ny profite rien,
C'eſt pourquoy mon amour apres tant de martyre
Ie ne puis deuiner ce que cela veut dire.
Et voguant en ces flots ſans eſpoir d'aucun port
I'abandonne ma barque à la mercy du ſort
Si ton bon iugement à mon mal ſalutaire
Ne me donne conſeil de ce que ie doibs faire.

CLORISE.

Toutes les deïtez dont l'on ſert les Autels
Et de qui la bonté veille pour les mortels,
Aux belles comme vous ſe monſtrent fauorables
Et d'elles prennent ſoing comme de leurs ſemblables.
Vous y deuez penſer auecques iugement
Et ne point reietter cét aduertiſſement.

ARTENICE.

Ce Berger me possede auec vn tel Empire
Qu'il sera mal-aisé de m'en pouuoir desdire,
Et puis si ie ne l'ay que sçaurois-je esperer.

CLORISE.

Les Dieux y pouruoiront il s'en faut asseurer
Vous en verrez l'effect & dedans peu d'espace.

ARTENICE.

Cependant ie vieillis l'occasion se passe.

CLORISE.

Si la bonne Deesse à pour nous tant de soing
Croyez qu'elle viendra vous ayder au besoing
Aux choses d'importance il faut estre timide
Comme elle est vostre espoir qu'elle soit vostre guide
Elle est aussi puissante en la terre qu'aux cieux.

ARTENICE.

Mais dis moy donc mon cœur que puis-je faire mieux
Que de prendre vn mary ieune, galant & sage
Et qui de son amour m'a rendu tesmoignage.

CLORISE.

Craindre les immortels suiure leur volonté.

ARTENICE.

Il n'en faut plus parler le sort en est ietté
Vos raisons desormais sont pour moy superfluës,
En vain l'on prend conseil des choses resoluës
Quand les Dieux me deuroient enuoyer le trespas
Ie ne puis auoir pis que de ne l'auoir pas.

ACTE QVATRIESME

SCENE SECONDE

TISIMANDRE.

Verray-je donc tousiours mon esperance vaine
Perdray-je sans loyer ma ieunesse & ma peine
Aimeray-je tousiours sans iamais estre aymé,
Brusleray-je tousiours sans estre consumé
En vain ie pousse aux cieux mes plaintes effroyables
Les Dieux sont impuissans ou sont impitoyables
Ie cherche le remede & ne veux pas guerir
Ie me desplais de viure & ne sçaurois mourir
Malheureux que ie suis, quelle chaude furie
Me fait passer les iours en cette resuerie
Que me sert de chercher les bois les plus segrets
Pour les entretenir de mes iustes regrets
Imprimer sur leur front les chifres d'Ydalie
Ne nourrir mon esprit que de melancolie
Mediter tous les iours des supplices noueaux
Nous n'en sommes pas mieux ny moy ny mes troupeaux,
Mes brebis ont en nombre esgale les estoilles
Dont les plus claires nuicts enrichissent leurs voiles
Et mes ierbes lassant le soigneux Moissonneur
Rendoient les plus contents ialoux de mon bon-heur
Mais à present tout suit mes tristes destinées
Mes champs n'ont que du chaume aux meilleures années

Et mes

Et mes pauures moutons se mourants tous les iours
Seruent dans ses rochers de pasture aux Vautours
Ie suis en me perdant l'Autheur de tant de pertes
Ie n'ay plus soin de rien mes terres sont desertes
Tandis qu'en ces forests tout seul ie m'entreticns,
Ie laisse mon troupeau sur la foy de mes chiens.
Il faut, il faut quitter ceste humeur solitaire,
Et reprendre le train de ma vie ordinaire.
Chasser de mon esprit ces inutiles soings,
　Qui ne veulent auoir que les bois pour tesmoings.
Mespriser a mon tour celle qui me mesprise,
Et rompre sa prison pour r'auoir ma franchise.
Mais, ô Dieux! qu'ay-ie dit, amour pardonne moy,
Ie ne puis, ny ne veux iamais viure sans toy,
　Quand ie parle autrement ie suis hors de moy-mesme,
Contre vne deité ie commets vn blaspheme:
Ie te voy dans ses yeux plus puissant que iamais,
Fais ce que tu voudras à tout ie me sousmets.
Aussi bien ma raison ne m'en sçauroit deffendre,
Le salut des vaincus est de n'en plus attendre.

F

ACTE QVATRIESME.

SCENE TROISIESME.

TISIMANDRE.   YDALIE.

TISIMANDRE.

Beauté dont la nature admire les apas
Quelle heureuse fortune a pû guider vos pas
Dans ce valon affreux où mon inquietude
Ne cherche que l'horreur, l'ombre & la solitude

YDALIE.

Berger qui de nature estes si mal plaisant,
Quel malheureux destin vous conduit à present
Dedans ceste valee effroyable & profonde,
Où pour fuir de vous ie fuis de tout le monde.

TISIMANDRE.

Vous faschez-vous de voir vn miserable amant,
Qui banny de vos yeux ne peut viure vn moment.
Esloignez-vous plustost de cét esprit barbare,
Qui ne sçait point gouter vn merite si rare.
Tandis que vous suiurez ce berger qui vous fuit,
Vos plus belles saisons se passeront sans fruict.

YDALIE.

Tandis que vous suiurez vos entreprises vaines,
Vous y perdrez sans fruict vostre temps & vos peines.

TISIMANDRE.

Puis qu'Alcidor pour vous n'a point de sentiment,
Pourquoy differez-vous de faire vn autre amant.

YDALIE.

Si ie suis insensible au tourment qui vous presse,
Pourquoy differez-vous de changer de maitresse.

TISIMANDRE.

Croyez, que si i'en parle auecque passion,
Cest moins par interrest que par affection.
Mais ie crains qu'en ce feu dont vous estes esprise,
Vostre honneur ne se perde apres vostre franchise.
Vous sçauez que desia l'on murmure tout bas,
De vous voir si souuent le suiure pas à pas.

YDALIE.

Quoy qu'on ait dit de moy par haine ou par enuie,
Tousiours mes actions repondront de ma vie.

TISIMANDRE.

Bien qu'aucun à bon droict ne vous puisse blasmer,
Destimer sa vertu, de le voir, de l'aymer.
Pourquoy recherchez-vous, de penibles conquestes,
Vous à qui le bon-heur en offre de s'y prestes.

YDALIE.

Vous perdez vostre temps, ne m'importunez plus,
Ie suis lasse d'ouyr vos discours superflus.

TISIMANDRE.

A quelles dures loix me voulez-vous contraindre,
Ne m'est-il pas permis en mourant de me plaindre.

F ij

YDALIE.

Ne vous affligez point, vous n'en sçauriez mourir,
Le mal que vous auez est facile à guerir.

TISIMANDRE.

Rien ne me peut guerir du mal qui me possede,
Si vostre belle main n'en donne le remede.

YDALIE.

Le remede d'Amour depend de la raison.

TISIMANDRE.

Suiuez donc son conseil pour vostre guerison.

YDALIE.

Mon tourment est si doux qu'il m'en oste l'enuie.

TISIMANDRE.

Le mien est si cruel qu'il m'ostera la vie,
Si vous ne moderez vostre inhumanité.

YDALIE.

Pensez-vous m'y forcer par importunité ?

TISIMANDRE.

Non certes, mais plustost par mon amour extreme.

YDALIE.

Amour m'oblige-t'il d'aimer tout ce qui m'aime?

TISIMANDRE.

Ouy, plustost qu'vn ingrat, qui ne vous aime pas.

YDALIE.

Ie choisiray plustost d'epouser le trespas,
Que iamais vous voyez vostre vaine entreprise,
Rendre dessous vos loix ma liberté sousmise.

TISIMANDRE.

O cruelle beauté , quel aftre malheureux
Se plaift à trauerfer nos defirs amoureux ,
Quel charme , ou quelle erreur ont troublé nos penfees?
Quels traits enuenimez ont nos ames blefcees?
Quel funefte affendant noftre deftin conduit ,
Qui nous faict à tous deux aymer ce qui nous fuit.
Nous verrons efcouler l'auril de noftre vie,
Sans goufter les plaifirs où l'aage nous conuie.
Et lors qu'en cheueux blancs nous le verrons finir,
Nous pleurerons le temps qui ne peut reuenir.
Les ans coulent fans ceffe , & iamais leur cariere
Non plus que des torrens ne retourne en arriere.
Ils faniront bien toft la fleur de vos beautez,
Et vangeront ma foy de tant de cruautez.

D'ARAMET.

Prenons cefte victime , & couronnons fa tefte,
De guirlandes, de fleurs pour honorer la fefte,
Chindonnax a defia le bucher preparé,
Vous viendrez , voftre crime eft affez aueré.

YDALIE.

Dequoy m'accufe-t'on ? quelle noire impudence
Peut d'vn front affeuré taxer mon innocence.

D'ARAMET.

Vous le pourrez fçauoir du facrificateur.

YDALIE.

O Ciel iuge de tout , foyez mon protecteur,
Souftenez mon bon droict contre la calomnie.

TISIMANDRE.

Arestez, arestez, perdez ceste manie,
De vouloir de mes bras ma maistresse rauir.
Ie leur resiste en vain, ie ne luy puis seruir:
Tout ce que ie puis faire en ce dernier office
C'est de m'offrir pour elle au feu du sacrifice.

ACTE QVATRIESME

SCENE QVATRIESME.

DAMOCLEE, LVCIDAS.

DAMOCLEE.

Qve sert de me celer ce que ie veux sçauoir,
pensez vous m'empescher de faire mon deuoir.
Ceste pasle couleur qui vous monte au visage
Du malheur de ma fille est vn mauuais presage.
Il est hors de propos de le taire à present,
Vostre discretion l'accuse en l'excusant.
Parlez donc librement, n'vsez plus d'artifice,
Celuy qui taist le mal semble en estre complice.

LVCIDAS.

Qui vous faict de si prés vn crime rechercher,
Que vous-mesme deuriez à vous mesme cacher.

DAMOCLEE.

Cela ne ce peut plus, ceste desesperee,

Qui s'eſt pour ce malheur du monde retirée.
Par ce grand changement en elle ſuruenu,
Rend de ſon déplaiſir le ſujeᴄt trop cogneu:
Chacun ſçait le peché dont ma fille eſt blaſmée,
Mon deuoir ſeulement preuient la renommée.

LVCIDAS.

Le deuoir vous oblige à cherir voſtre enfant.

DAMOCLEE.

Quand il eſt vicieux l'honneur me le deffend.

LVCIDAS.

Quoy la loy de l'honneur eſt-elle ſi cruelle
Qu'elle face oublier l'amitié paternelle.

DAMOCLEE.

Noſtre honneur ſuit touſiours la loy de l'equité,
Qui veut que chacun ait ce qu'il a merité,
Si ma fille eſt coupable, il faut que dans la flame
Elle purge ſon corps, en expirant ſon ame?
La loy de Luteſſie en faueur de nos dieux
Condamne l'impudique à la flame des cieux:
Doncq pour eſtre pieux ſoyez moins pitoyable
Et me dites le mal dont ma fille eſt coupable.

LVCIDAS.

Ie ne vous diray point ce que vous ſçauez bien.

DAMOCLEE.

Las vous me dites tout en ne me diſant rien.
Ie voy bien ce que c'eſt il faudra qu'elle meure,
Ie luy vois preparer ſa derniere demeure.

F iiÿ

LVCIDAS.

O iustice eternelle à quelle impieté
A la fureur d'amour mon esprit transporté,
Ie me verray forcé de faire vne iniustice,
Mais ie ne suis pas seul, l'amour est mon complice.
Ceste ingrate beauté qui ma manqué de foy
A contrainct vn dieu-mesme à faillir comme moy.
Innocente victime aussi chaste que belle
Que ma ialouse rage a rendu criminelle,
Pourray-ie auoir le cœur de te voir auiourd'huy
souffrir le chastiment de la faute d'autruy?
En ces iustes remors, mon Dieu que puis-ie faire,
Dois-ie dire ma faute, ou si ie la dois taire?
Pour la iustifier il me faut accuser
Du mal que mechamment i'ay voulu suposer.
Lors que l'on a failly contre sa conscience,
La honte de le dire est pire que l'offence.
Il faut donc persistant en ma meschanceté,
Pour parestre equitable acuser l'equité.
Mais desia Chindonnax attend la criminelle
Il est temps de penser à tesmoigner contr'elle.

ACTE QVATRIESME.

SCENE CINQVIESME.

CHINDONNAX. DAMOCLEE. LVCIDAS.
YDALIE. TISIMANDRE. DARAMET.
CLEANTE.

CHINDONNAX.

Vous serez estimé des hommes & des dieux.
   Quand nous auons produit vn enfant vitieux
Il faut de nostre sens retrancher ce prodige,
Ainsi qu'vn mauuais bois indigne de sa tige,
Et d'vn cœur genereux tesmoigner constamment
Doublier pour l'honneur tout autre sentiment,
Mais dites-nous Vieillard comment peustes-vous faire
Pour cognoistre leur faute en ce bois solitaire.

DAMOCLEE.

Lucidas decouurit leur impudicité
A trauers le cristal d'vn miroir enchanté.

CHINDONNAX.

Gardez-vous bien mon fils d'accuser l'innocence
Les Dieux iustes & bons veillent pour sa deffence,
Qui des faicts incogneus arbitres & tesmoins
Descouurent tost ou tard ce que l'on sçait le moins.
Ils parlent par ma voix des actions passées,
Et par mes propres yeux lisans dans les pensées,

My font voir clairement les faits les plus douteux :
Bref estant deuant moy vous estes deuant eux,
Tirez donc de vostre ame vn discours veritable,
Qui rende l'accusée innocente ou coupable.

LVCIDAS.

Pourquoy pere sacré me faictes vous ce tort,
De vouloir que ie sois la cause de sa mort.

CHINDONNAX.

Vous n'estes de sa mort ny cause ny complice
Ce n'est que son peché qui la meine au supplice.

LVCIDAS.

Mais son crime sans moy n'eust point esté prouué.

CHINDONNAX.

Mais son crime sans vous fust tousiours arriué.

LVCIDAS.

Mais tousiours c'est par moy qu'on la rend criminelle.

CHINDONNAX.

Non, mais plustost par vous la iustice eternelle,
Dont l'absolu pouuoir qu'elle m'a mis és mains
Deffend de me celer les crimes des humains.

LVCIDAS.

Que vous puis-ie celer, ny que vous puis-ie dire,
Chacun sçait le malheur dont ce vieillard souspire,
Luy-mesme vous la dit ----------------

CHINDONNAX.

Aussi ce que i'attens
Est de sçauoir le lieu, la façon & le temps.

LVCIDAS.

Deſia le chaud du iour chaſſoit la matinée
Lors que c'eſt conſommé ce funeſte Hymenée,
Vn bois au bord de ſeine en ſon ombre a caché
De ces ieunes amants la honte & le peché.

CHINDONNAX.

Reſte à ſçauoir l'endroit où c'eſt commis l'offence,

LVCIDAS.

Où le mont de Valere en la plaine s'auance.

CHINDONNAX.

Nous en ſçauons aſſez, retirez-vous Berger,
On amene Ydalie, il faut l'interroger.

YDALIE.

Quelle timide horreur, ſe glace dans mon ame,
Ie voy l'autel, le fer, le bucher, & la flame,
Qu'apreſte contre moy l'iniuſtice du ſort
O Dieux, combien de morts pour vne ſeule mort,

CHINDONNAX.

Aſſeurez voſtre eſprit que la honte & la crainte
Qui tiennent maintenant voſtre voix en contrainte,
Ne vous empeſche point de vous iuſtifier.

YDALIE.

Où mon timide eſpoir ſe peut-il plus fier?
Le ciel iuge de tout eſt icy ma partie,
Puis que de ſon autel, ie dois eſtre l'hoſtie.

CHINDONNAX.

Le Iuge de là haut exempt de paſſion
Ne peut eſtre ſenſible à la corruption,

Luy qui tient en ces mains le ciel, la terre, & l'onde
Accepte sans besoin les offrandes du monde,
Et ce qu'a ces autels nous faisons auiourd'huy
Cest pour nous seulement, on ne faict rien pour luy:
Mais d'vn si haut suiect nos esprits incapables,
De blaspheme où d'erreur seroient iugez coupables,
C'est pourquoy d'vn discours medité promptement
De qui la verité soit le seul ornement,
Dites nous franchement sans faire l'estonnée,
Où vous auez passé toute la matinée.

YDALIE.

Soubs le mont de Valere aupres d'vn buisson clos.
Où quelquefois la seine a respandu ses flots,

CHINDONNAX.

Quel Berger estoit lors en vostre compagnie,

YDALIE.

Alcidor ——————— ———

CHINDONNAX.

———————— c'est tout dire ——————— —

YDALIE.

—————— —————— O quelle calomnie
Me veut-on accuser d'auoir faict dans ce bois
Quelque chose auec luy contre ce que ie dois?
Que plustost ie perisse en l'infernalle flame.
Que iamais ce desir me tombe dedans l'ame.

DAMOCLEE.

Ah pauure malheureuse, helas! ou pensois-tu
Alors que tu faisois ce tort à ta vertu,

Faut-il qu'aux yeux d'vn Iuge & à vne populace
Ie t'offre pour victime à l'honneur de ma race.

YDALIE.

Mon pere apaisez-vous, vn iour la verité
Descouurira la fraude & mon integrité,
Et croyez qu'auiourd'huy, quelque mal qui m'aduienne,
Ie plaindray vostre peine autant comme la mienne.

DAMOCLEE.

En cét exces d'ennuis qui me vient tourmenter
Ie ne sçay quelle perte est plus à regretter,
Celle de son honneur, où celle de sa vie.
Ie sçauois qu'à la parque elle estoit asseruie,
Puis que ie suis mortel il ne m'est point noaueau,
Que ce qui sort de moy soit suject au tombeau.
Mais elle est sans raison aux vices adonnée,
D'vn pere vicieux elle n'estoit point née,
Ah ie pasme, ie meurs ————————

DARAMET.

———————— ces cris sont superflus
Il les faut apppaiser ——————

DAMOCLEE.

A A dieux ie n'en puis plus
L'excez de ma douleur m'empesche ma parole.

CHINDONNAX.

Allez sage vieillard, l'Eternel vous console,
Allez verser chez vous ces inutiles pleurs
Sa presence ne fait qu'augmenter vos douleurs.
Or sus il s'en va temps de conduire l'hostie,

Qu'on apprefte l'encens, la farine roftie,
E les coufteaux facrez, c'eft trop perdre le temps.

YDALIE.

Me faut-il donc mourir, Dieux qu'effe que i'entens
Penfe-t'on que le Dieu que ce bois reprefente
Se plaife à voir le fang d'vne fille innocente.

TISIMANDRE.

Que ce foit pluftoft moy que l'on meine à la mort,
Auffi bien chacun fçait que l'amour & le fort
M'ont condamné pour elle à mourir dans la flame.

CHINDONNAX.

Cela ne fe peut pas, i'en porterois le blafme,
Dieu n'ayme rien d'iniufte, & iamais ne confent
De voir pour le pecheur endurer l'innocent.

TISIMANDRE,

Ie luy monftreray donc en mourant premier qu'elle,
Que ie ne fuis pas moins courageux que fidele,

DARAMET.

Areftez-vous-Berger ——— —— ——

TISIMANDRE.

——————————— ne m'en empefchez point
Auffi bien que l'amour la raifon me l'enjoint
C'eft le meilleur aduis qu'a prefent ie puis fuiure,
Il faut fçauoir mourir quand on ne doit plus viure.

CHINDONNAX.

Pour vn fi beau fujet, vos pleurs font aprouuez,
Mais apres l'auoir plainte autant que vous deuez,
Ne nous obligez point à vous plaindre vous-mefme.

TISIMANNRE.

Ne me deffendez point de suiure ce que i'ayme.

CHINDONNAX.

Quel espoir nous conuie à la suiure au trespas,
Vos yeux ny verront plus ces aymables apas,
La grace, la beauté, la ieunesse & la gloire
Ne passent point le fleuue, ou l'on perd la memoire.

TISIMANDRE.

Rien ne peut effacer les agreables traicts,
Dont elle a dans mon ame imprimé ses attraits,
L'enfer n'a point d'horreurs ny de nuicts assez sombres
Dont le iour de ses yeux ne dissipe les ombres.

CHINDONNAX.

Ces yeux & ce beau teint de roses & de lis
Sous celuy de la mort seront enseuelis,
L'horreur qui l'accompagne est à toutes / commune
On ny recognoist point la blanche de la brune.

TISIMANDRE.

Bien-heureux si ie perds auec le sentiment
Le feu dont son amour me brusle incessamment,
Mais plus heureux encor si mon ame eternelle
Conserue apres ma mort l'amour que i'ay pour elle.

CHINDONNAX.

Toutes les passions qui regnent icy bas
Ne suiuent point nostre ombre en la nuict du trespas
Ce qu'on dit de Pluton & de ses Eumenides,
N'est qu'vne impression qu'ont les ames timides
Ces lieux ou prennent fin vos peurs & nos desirs

N'ont point de si grand maux ny de si doux plaisirs,
Que cét aage ou l'amour armé de tant de flames,
Commence à s'alumer dedans les belles ames,
Chacun s'y rend luy-mesme heureux ou malheureux
Selon qui se gouuerne aux plaisirs amoureurx.
L'vn attache ses vœux aux conquestes faciles,
L'autre volant trop haut, rend les siens .nutiles:
Bref des fleurs que produit ceste belle saison,
L'vn en tire le miel, & l'autre le poison:
Viuez donc & perdez ceste ardeur incensée,
Qui depuis si long temps trouble vostre pensée,
Et sage à vos despens jouyssez des plaisirs
Qu'amour & la ieunesse offrent à vos desirs.

TISIMANDRE.

Non non il faut mourir, la raison my conuie,
La mort m'est à present plus douce que la vie,
I'ayme mieux n'estre point que d'estre malheureux.

CHINDONNAX.

Croyez-moy Tisimandre, vn esprit genereux,
Oppose sa constance au malheur qui l'irrite,
Et se resoult plustost au combat qu'à la fuite.

TISIMANDRE.

La mort seule a pouuoir de vaincre mon ennuy.

CHINDONNAX.

Quelle erreur de mourir pour la faute d'autruy.

TISIMANDRE.

Mais quelle erreur plustost de iuger l'innocence
Sans vouloir seulement escouter sa deffence.

CHIN-

CHINDONNAX.

Il faut que laschement ie me souffre outrager:
Car quel mal puis-ie faire à ce ieune berger,
Que celuy que luy-mesme à luy-mesme desiré?

TISIMANDRE,

La peur ne me fera ny taire ny dedire,
Ie veux ouyr l'autheur de ceste faussété,
Qui veut taxer l'honneur de sa pudicité.

CHINDONNAX.

Bien vous serez content, dites que l'on rappelle
Ce berger, qui n'aguere a tesmoigné contr'elle.

YDALIE.

A quel poinct m'a reduit la cruauté des Cieux,
Qu'il faille qu'en mourant les hommes & les Dieux
Cognoissent sa constance & mon ingratitude?

CHINDONNAX.

Voicy ce qu'on attend auec inquietude.
Venez ca mon amy, dites la verité,
Comment la vistes-vous en ce verre enchanté?

LVCIDAS.

A peine le Deuin auoit dict les paroles,
Que la magie enseigne en ses noires escoles,
Qu'il ressort de son antre, & m'apporte vn cristal,
Qui fait voir à mes yeux le bocage fatal,
Où ces ieunes amants francs de honte & de blasme
Esteignent tous les iours leur amoureuse flame.

TISIMANDRE.

Osez-vous miserable accuser les absents?

G

Sur l'object qu'vne glace a produit à vos sens.

LVCIDAS.

I'ay regret de luy rendre vn si mauuais office,
Mais il me faut vouloir ce que veut la iustice.

CLEANTE.

Graces aux Immortels, nos amants sont vnis,
Les pleurs sont appaisez, les tourments sont finis,
D'vne extreme douleur vient vne extreme ioye,
L'on plaint à tort le mal que l'amour nous enuoye,
Qui vit dessous ses loix doit tousiours esperer,
Il fait rire à la fin ceux qu'il a fait pleurer.

LVCIDAS.

Quelle bonne nouuelle en ce lieu vous ameine?

CLEANTE.

La nopce qui se faict au logis de Silene.

LVCIDAS.

Peut-on parler de nopce, & voir tant de malheurs,

CLEANTE.

Laize de toutes parts a terminé les leurs.
A la fin d'Alcidor le fidele seruice
A touché de pitié la bergere Artenice,
De son bon-heur extreme vn chacun se ressent,
Il s'espouse demain, le bon-homme y consent,
Son logis est desia tapissé de ramées,
De fenouïl & de fleurs les sales sont semées,
Et desia maints aygneaux victimes du festin,
Le cousteau dans la gorge acheuent leur destin.

LVCIDAS.

O Dieux ! quel changement, quelle estrange nouuelle,
O Bergere inconstante ! ô teste sans ceruelle !
Où sont allés ces vœux plains de zele & de foy ?
Seras-tu donc pariure à ton Dieu comme à moy ?
Ie croy que ta promesse estoit plus incertaine,
Que les enchantemens du deuin Polistene.

TISIMANDRE.

Remarquez ce qu'il dit, escoutez-le parler.

LVCIDAS.

O Dieux le desespoir me fait tout deceler.

DARAMET.

Ie voy la verité, luy-mesme la confesse,
Lucidas enragé de voir que sa maistresse
Des flames d'Alcidor auoit le cœur touché,
A par l'art du deuin produit ce faux peché,
Qui deceuant les yeux & l'ame d'Artenice,
La rend de cette erreur innocemment complice.

CHINDONNAX.

Cela n'est pas sans doute, il faut tout à loisir
Y penser meurement, & pendant se saisir,
Du deuin & de luy, peut-estre en la torture
Ils pourronts l'vn ou l'autre auoüer l'imposture.

LVCIDAS.

Pardonnez au deuin, i'ay tout seul merité
Le iuste chastiment de cette iniquité,
I'en suis le seul autheur, il n'en est que complice.

G ij

CHINDONNAX.

Puis qu'il a confeßé ſon inſigne malice,
Qu'on mette hors des fers cette ieune beauté,
Qui recouure l'honneur auec la liberté.
Et que cet impoſteur y ſoit mis en ſa place,
C'eſt à vous d'ordonner ce qu'il faut qu'on en face,
Prononcez donc ma fille ou ſa vie ou ſa mort.

LVCIDAS.

Belle ame qui pouuez diſpoſer de mon ſort
Si iamais les ſouſpirs d'vn amant miſerable
Ont peu tirer de vous vn regard fauorable,
Si vous auez le cœur auſsi doux que les yeux,
Mettez fin à mes iours, ce ſera pour le mieux,
Ie voy de tant d'ennuis ma fortune ſuiuie,
Que me donner la mort c'eſt me donner la vie.

YDALIE.

Non tu ne mourras point, ie veux pour te punir
Qu'à iamais ton peché viue en ton ſouuenir.

CHINDONNAX.

Laiſſez le donc aller —————————————

LVCIDAS.

————————————— O Dieux quelle ſentence!
Faut-il donc qu'à iamais ie pleure mon offence?

YDALIE.

Et vous fidele amant, mon ſupport, mon bon-heur,
Dont ie tiens à preſent ma vie & mon honneur.
De quel digne loyer qui ſoit en ma puiſſance
Puis-ie recompenſer voſtre extreme conſtance?

En vous donnant mon cœur ie ne vous donne rien,
Vous l'auez racheté, c'est vostre propre bien:
Disposez donc de moy fidele Tisimandre,
L'amour & le deuoir m'obligent à me rendre.

TISIMANDRE.

O l'heureux accident! enfin mon cher soucy,
L'amour a t'il touché vostre cœur endurcy,
Belle & chere maistresse, enfin est-il croyable
Que ma fidelité vous rende pitoyable,
Et que ces deux soleils dont le Ciel est jaloux,
Se rendent à mes vœux si iustes & si doux?

YDALIE.

Vos extrémes faueurs certes ie le confesse
M'ont faict vostre captiue & non vostre maistresse:
Oubliez donc ce nom, viuez plus franchement,

TISIMANDRE.

Vous auez tout pouuoir vsez-en librement,
Mon cœur est vostre esclaue, il ne vous peut dedire,
L'heur de vous obeyr est tout ce qu'il desire,
Il se tient trop heureux d'estre en vostre prison.

YDALIE.

Quittons là ces discours qui sont hors de saison,
Et supplions chacun de rendre tesmoignage
De l'accord mutuel de nostre mariage.

TISIMANDRE.

Allons donc mon soleil rendre nos vœux contens,

YDALIE.

Allons le plus parfaict des bergers de ce temps.

CHINDONNAX.

En fin des Immortels la iuſtice profonde
A deſcouuert la fraude aux yeux de tout le monde,
A la fin chacun voit que leur bras tout puiſſant
Scait punir le coupable & ſauuer l'innocent,
Et quelque empeſchement que l'artifice apporte,
Touſiours la verité ſe trouue la plus forte.

CHOEVR DES SACRIFICATEVRS.

A ce coup nous voyons qu'Aſtrée
Veut encore en cette contrée,
Faire eſclatter la ſplendeur de ſes loix,
Et que ſa puiſſance diuine,
Qui ſur toutes choſes domine
A meſme ſoin, des Bergers que des Rois.
L'innocence eſt victorieuſe
De la malice iniurieuſe,
Qui ſuit touſiours le plus mauuais conſeil,
Et la verité recogneuë
Teſmoigne qu'elle eſt ſouſtenuë
Du meſme appuy qui ſouſtient le Soleil.
Certes il n'eſt point d'artifice
Dont les Dieux ennemis du vice
Ne facent voir les plus ſecrets reſſorts,
Leurs pouuoirs qui deſſus nos teſtes
Tiennent & pouſſent les tempeſtes
Ne ſont pas moins equitables que forts,
Par eux la victime eſt menée,

Du bucher au lict d'Hymenée
Apres les pleurs, les plaisirs ont leur tour,
    Ils n'ont peu sans se faire outrage
    Condamner vn si bel ouurage
A d'autre feu qu'à celuy de l'amour.
    Comme on voit apres les orages
    Le Soleil chassant les nuages
Se ralumer auec plus de clarté ;
    Ses yeux encore pleins de larmes
    Reprenant de nouuelles armes
Semblent plus beaux qu'ils n'ont iamais esté.
    Heureux celuy dont la constance
    A surmonté la resistance,
Qui s'oposoit à son affection,
    Et qui n'aura pas moins de gloire
    En cette amoureuse victoire
Que de plaisir en la possession.
    Que puissent leurs ames bien nées
    Posseder à longues années
Les fruicts d'Amour les plus delicieux ;
    Et par leurs flames mutuelles
    Peupler nos champs d'amants fideles
Et nos autels de nouueaux demy Dieux.

G iiij

ACTE CINQVIESME.

SCENE PREMIERE.

Le vieil ALCIDOR, CLEANTE,

Le vieil ALCIDOR.

NE sçaurois-ie trouuer vn fauorable port
Où me mettre à l'abry des tempestes du sort?
Faut-il que ma vieillesse en tristesse feconde,
Seans espoir de repos erre par tout le monde?
Heureux qui vit en paix du laict de ses brebis,
Et qui de leur toison voit filer ses habis;
Qui plaint de ses vieux ans les peines langoureuses,
Où sa ieunesse a plaint les flames amoureuses;
Qui demeure chez luy comme en son element,
Sans cognoistre Paris que de nom seulement,
Et qui bornant le monde aux bords de son Domaine
Ne croit point a' autre mer que la Marne ou la Seine.
En cet heureux estat le plus beau de mes iours
Dessus les riues d'Oise ont commencé leur cours.
Soit que ie prisse en main le soc ou la faucile,
Le labeur de mes bras nourrissoit ma famille;
Et lors que le Soleil en acheuant son tour
Finissoit mon trauail en finissant le iour,
Ie trouuois mon fouyer couronné de ma race,
A peine bien souuent y pouuois-ie auoir place

L'vn gisoit au maillot, l'autre dans le berceau,
Ma femme en les baisant deuidoit son fuseau.
L'vn escalloit des noix, l'autre teilloit du chamure
Iamais loisiueté n'entroit dedans ma chambre
Aussi les Dieux alors benissoient ma maison,
Toutes sortes de biens me venoient à foison.
Mais helas ce bon-heur fut de peu de durée,
Aussi tost que ma femme eut sa vie expirée
Tous mes petits enfans la suiuirent de prés,
Et moy ie restay seul accablé de regrets,
De mesme qu'vn vieux tronc relique de l'orage,
Qui se voit despouillé de branches & d'ombrage.
Ma houlette en mes mains, inutille fardeau,
Ne regit maintenant ny cheure ny troupeau,
Vne seule brebis qui m'estoit demeurée
S'estant loin de ma veuë en ce bois égarée
Y ietta son pet auec vn tel effort,
Qu'en luy donnant la vie, il luy donna la mort.
Voyant tant d'accidens m'arriuer d'heure en heure,
Ie cherche à me loger en vne autre demeure,
Pour voir si ce malheur à ma fortune ioinct,
En quittant mon païs ne me quittera point,
Et si les champs où Marne à la Seine se croise
Me seront plus heureux que le riuage d'Oise.

CLEANTE.

Ne cherchez point ailleurs où vous mettre en repos,
Vous ne sçauriez trouuer vn lieu plus à propos,
Pour rendre vostre vie en tous biens fortunée,

Nos fertilles cousteaux portent deux fois l'année,
Et les moindres épics qui dorent nos guerets
S'égalent en grandeur aux chesnes des forests .
Icy le bien sans peine abonde en nos familles,
Et nos champs vsent moins de socs que de faucilles.
Icy le doux Zephir Roy de nostre Orison
Faict de toute l'année vne seule saison.
La Nimphe de la Marne , & le Dieu de la Seine,
Qui pour leur mariage ont choisi ceste plaine
Nous tesmoignent assez par leurs tours & retours
Le deplaisir qu'ils ont d'en éloigner leur cours.
L'impitoyable horreur des foudres de la guerre
A quitté par respect ceste fertille terre;
La iustice & la paix y regnent à leur tour,
Nous n'y sommes bruslez que des flames d'amour.
Mais helas ! de ce Dieu les flames & les charmes
Causent bien dans nos champs de plus grandes alarmes
Que ne faisaient iadis ces bataillons espars
Que la rebellion semoit de toutes pars.
Encore à ce matin cette bouillante rage
Animant d'Alcidor l'impetueux courage,
L'a fait ietter dans l'eau, d'où la force du vent
L'a remis à la riue aussi mort que viuant.

Le vieil ALCIDOR.

Et comment ? Alcidor est-il encore en vie ?

CLEANTE.

Vous le pouuez bien voir s'il vous en prend enuie
Il espouse à ce soir ceste aimable beauté,

Pour qui dedans la Seine il s'est precipité:
I'offre à vous y mener ――――― ―――

Le vieil ALCIDOR.

Allons, à la bonne heure,
Ie ne pouuois trouuer de fortune meilleure;
Le desir de reuoir ce que i'ay tant aymé
Ranimeroit mon corps au cercueil enfermé.

ACTE CINQVIESME.

SCENE SECONDE

SILENE. DAMOCLEE. CLORICE. ALCIDOR,
ARTENICE.　　CRISANTE.

SILENE.

EN fin la destinée est à mes vœux propice,
Ma volonté s'accorde à celle d'Artenice,
En fin apres l'orage arriue le beau temps,
La fin de nos malheurs rend nos desirs contens.
Ie iure qu'à present ie le suis autant qu'elle,
De ce qu'elle a fait chois d'vn Amant si fidele:
Allons donc mes enfans, allons tout de ce pas,
Nos voisins assemblez nous attendent là bas,
Et desia dans le bourg toute la populace
Au son des violons s'assemble dans la place.
Mais qui cognoist celuy qui vient tout droit à nous?

Vous le pouuez cognoistre ─────────────

SILENE.

───────────────── *Ha! mon frere est-ce vous?*
Ie n'auois pas osé vous prier de la feste,
Croyant que le malheur, qui vostre fille arreste
A souffrir dans le feu son iuste chastiment,
Toucheroit vostre cœur de quelque sentiment:

DAMOCLEE.

Mon frere mon amy, ie n'en suis plus en peine,
Dieu qui des innocens est la garde certaine,
A descouuert la fraude, & m'a desabusé
Du crime que contre elle on auoit supposé.
Ie viens vous faire part de l'excessiue ioye
Qu'apres tant de malheurs la fortune m'enuoye.

SILENE.

Qui vous a descouuert cette meschanceté?

DAMOCLEE.

Lucidas, de colere & d'amour transporté.
Quand il sceut qu'Alcidor malgré son artifice
Espousoit à ce soir vostre fille Artenice,
Se trouble, se confond, & parmy ses regrets
La rage ouurant la porte à ses pensers secrets,
Il rend sa calomnie à chacun aparente,
Il est Iuge coupable, & ma fille innocente
Reçoit l'affection de son fidele amant,
Qui lors voulut pour elle endurer le tourment.

CLORISE.

Quoy? cette ame endurcie en fin se laisse prendre
Aux obligations du Berger Tisimandre?
Quoy? celle qui brauoit l'amour & son pouuoir
S'est donc renduë esclaue aux chaines du deuoir?

DAMOCLEE.

C'est ce que i'en aprens d'vn messager fidele.

SILENE.

Ie ne pouuois sçauoir de meilleure nouuelle,
Nos cœurs n'ayant qu'vn but, & qu'vn mesme desir,
Se font part de leur ioye & de leur deplaisir,
Et semble qu'en naissant la main des Destinées
Dans vne mesme trame ait ourdy nos années.

ALCIDOR.

A la fin on cognoist auecque l'équité
Le tort que l'on faisoit à ma fidelité,
En fin, mon beau soleil, malgré la medisance
Les plus beaux yeux du monde ont veu mon innocence
L'amour est equitable, il le tesmoigne assez,
Ceux qui l'ont bien seruy sont bien recompensez.

ARTENICE.

Vostre foy, mon Berger, si lon temps maintenuë
Auant son arriuée estoit assez cogneuë,
Ce que i'aprens de luy n'augmente nullement
Ny mon affection, ny mon contentement,
Rien ne peut augmenter les choses infinies.

SILENE.

En fin de toutes parts nos craintes sont bannies,

Ne perdons point de temps en discours superflus
Allons, mes chers enfans, il ne nous reste plus
Que d'accomplir les vœux de vostre mariage.

CRISANTE.

Ie crains bien qu'il ne soit de sinistre presage

ARTENICE.

Quel timide soupçon vous faict ainsi parler?

CRISANTE.

Ce que pour vostre bien ie ne dois point celer.

ARTENICE.

Dieu qui peut empescher ce que chacun desire;

CRISANTE.

Vous-mesme le sçauez, si vous le voulez dire.

ARTENICE.

Ie n'entends point cela, si vous ne l'expliquez.
Ie croy que c'est vn songe, ou que vous vous mocquez.

CRISANTE.

C'est de vray l'vn des deux, ie ne m'en sçaurois taire
Il faut pour nous seruir quelquefois nous de plaire.
La grande Deité fauorable aux mortels,
Qui les hommes bannist de ses chastes autels
S'est faict voir à mes yeux aussi belle que saincte,
Telle que nostre foy dans nos ames l'a peinte.
D'vne voix éclatante, & d'vn front irrité
Apres auoir reprins mon incredulité;
M'a dict ainsi qu'à vous, que i'eusse souuenance
De ne vous marier que par son ordonnance.
Son salutaire aduis ne fut pas entendu

Quand par sa propre bouche il vous fut deffendu
De ne prendre mary que dans vostre lignage,
Parce que vos mespris nous donnant tesmoignage
Que vostre affection ne pouuoit approuuer
L'ymen que Lucidas s'efforçoit d'acheuer;
Ie creu que vous pensiez auec ces artifices
De vostre inimitié rendre les Dieux complices :
Mais ces dernieres nuicts sa presence & sa voix
M'ont osté tout à faict le doute que i'auois.
La vigne qui pendoit au dessus de sa teste,
Me la fist remarquer comme elle est à sa feste
Où comme elle estoit lors que ma deuotion
Confia vostre vie en sa protection ;
Peut-estre preuoyant ce fatal Hymenée ;
Sa faueur prend ce soin de vostre destinée.
Si donc vous en auez de vostre vtilité
Ne vous mariez point contre sa volonté.

SILENE.

Cest le meilleur aduis, quoy que vous puissiez dire
Que de ne faire rien que ce qu'elle desire

ARTENICE.

Que deuiendray-ie donc ? chetiue que ie suis ?
Que ne m'a ton permis de finir mes ennuis ?
Dans ce paisible lieu, franc d'amour & d'enuie
Où ma bonne fortune auoit conduit ma vie ?

ALCIDOR.

Quoy donc, chere beauté, nous fera-ton ce tort
De vouloir pour vn songe empescher nostre accord ?

Pour vne vision, vne ombre, vne chimere,
Qui s'engendre au cerueau de vostre vieille mere
Veut-on recompenser mon seruice de vent?

CRISANTE.

Cecy n'est point l'effect d'vn songe deceuant,
Produict d'vn faux object, ou vapeur incognuë
Au debile cerueau d'vne vieille chenuë.
Ma fille, qui sçait bien quelle est la verité,
Ne m'accusera point de l'auoir inuenté.

CLORISE.

Berger ne croyez point que ce soit vne fable,
Ce que vous dict Crisante est chose veritable.

ALCIDOR

Quelle presomption de croire que les Dieux
Qui là haut sont rauis en la gloire des Cieux
Daignent penser en nous, qui ne sommes que terre;
Leur soin est d'éclairer ce que le Ciel enserre
Regler le mouuement de tant d'astres diuers,
Separer les Estez d'auecque les Hiuers;
Sauourer les douceurs dont leurs coupes sont plaines,
Et non pas s'amuser aux affaires humaines.

CLORISE.

Les Dieux ne sont point tels comme vous les pensez
Bien qu'à de plus grands soins ils s'occupent assez;
Toutesfois Alcidor leur sagesse profonde.
Songe à tout ce qui vit sur la terre & dans l'onde
Tous les iours leurs effets le font voir clairement,
Et c'est impieté de le croire autrement.

ALCI-

ALCIDOR.

S'ils penſent aux mortels ce n'eſt que pour me nuire

CLORISE.

O Dieux ! à quel demon vous laiſſeẓ-vous reduire ?
Ne parleẓ pas ainſi de la Diuinité,
Elle vous puniroit de voſtre impiété
Qu'elle faſſe de moy tout ce qu'elle deſire,
Mon mal eſt en tel point qu'il ne peut eſtre pire ?
Celle par qui ie perds l'eſpoir de me guerir
Peut m'empeſcher de viure & non pas de mourir.

ARTENICE.

Gardez-vous bien berger d'auancer vos annees,
Ma vie & mon amour ſont en vous terminees.
Viueẓ pour Artenice ———————— ————————

ALCIDOR.

———————— ——————< O quel commandement !
Faut-il donc que pour vous ie ſouffre inceſſamment ?
Ne vaudroit-il pas mieux qu'vne mort genereuſe
Eſtaignit de mon cœur ceſte flame amoureuſe ,
Es banniſt de vos yeux ce miſerable amant
Qui ne ſert qu'à troubler voſtre contentement ?
Bien bien , ie viuray donc en quelque ſolitude ,
Où vous n'aureẓ point part à mon inquietude.
Loin des bords de la Seine en ces lieux écartez,
Que les mers d'Occident baignent de trois coſtez,
Où pour nourrir le feu de noſtre amour paſſée
Voſtre objeċt à iamais viura dans ma penſée.

ARTENICE.

H

O Dieux ! que deuiendray-ie apres tant de malheur
Quoy vous me laiſſez donc en proye à la douleur
Où trouueray je vn port en toutes ces tempeſtes
Le Ciel eſt inflexible à mes iuſtes requeſtes.

CLORISE.

Tous ces pleurs & ces cris ne vous ſeruent de rien,
Vous eſtes chere aux Dieux, ils le teſmoignent bien.
Il faut eſperer d'eux voſtre bonne auanture
Le ſoin qu'ils ont de vous m'en donne bon augure.

ARTENICE.

D'où peut elle venir ————

CLORISE.

       De leurs fatales mains
D'où les biens & les maux arriuent aux humains.

ARTENICE.

Auſſi ce n'eſt qu'en eux où mon eſpoir ſe fonde,
Il faut, il faut pour eux abandonner le monde,
Et chercher mon repos en ſeruant leurs autels,„
Puis qu'on me le refuſe auecque les mortels.

CLORISE.

Elle plaint à bon droit l'ennuy qui la menace
Puis que le ſeul berger qui reſtoit de ſa race
Eſt auec Ydalie engagé par la foy,

DAMOCLEE.

Tiſimandre ſe trompe, il ne peut rien ſans moy
Ie ne permettray point que cela s'accompliſſe,
Ie le veux redonner à l'amour d'Artenice.

CLORISE.

Voſtre bon naturel luy vient tout à propos ;

Elle tiendra de vous l'espoir de son repos,
Pourueu que ce berger y veille condescendre.

SILENE.

Quand mesme il le voudroit, ie ny dois pas entendre,
C'est vne honnesteté que mon frere me fait.

CRISANTE.

Il peut trouuer ailleurs des gendres à souhait,
Il n'a pas comme vous sa volonté bornée
Aussi bien Ydalie est ailleurs enclinee,
C'est plustost par deuoir que ce n'est par amour,
Elle ne l'aymoit point auparauant le iour.
Ie sçay bien qu'en son cœur elle aymeroit mieux prendre
Alcidor pour mary, que non pas Tisimandre.
C'est pourquoy si mon frere en estoit consentant
Vn double Hymen rendroit tout le monde content.

DAMOCLEE.

Vous m'auez preuenu; ie vous le voulois dire,
Ce que vous desirez est ce que ie desire.

SILENE.

Que l'on s'enquere donc du vouloir d'Alcidor

CLORISE.

Il n'en peut mieux auoir quand il seroit tout d'or,
Ie m'enuois le chercher pour luy faire ouuerture
De l'heur inopiné que le sort luy procure.

ARTENICE.

Et moy pauure chetiue, où sera mon support
Mes soupirs & mes pleurs sont-ils sans reconfort,
O Dieux ! qui disposez de la terre & de l'onde,

Arbitres abſolus des fortunes du monde,
Vous dont les affligez implorent le ſecours;
Finiſſez mes ennuys ou finiſſez mes iours.
Faut-il tant de longueur en choſe ſi legere
Il ny va que du ſort d'vne pauure Bergere,
Et vous qui nous couurez d'vne feinte bonté
Les projects inhumains de voſtre cruauté.
Que ne me chaſſez-vous de voſtre ſouuenance
Helas! ie vieilliray ſans aucune eſperance,
Comme faict vne fleur en vn champ deſerté,
Qui reſte à la mercy des rigueurs de l'Eſté;
Dont la viue fraicheur par le chaut aſſaillie,
Se voit ſeiche & paſſée auant qu'eſtre cueillie.
Pourquoy m'ordonnez-vous iniuſtice des Cieux!
De borner mes deſirs au ſang de mes Ayeux?
Voulez-vous l'imiter en choſes ſi petites
La puiſſance d'vn Dieu qui n'a point de limites?
Eſt-ce auecque raiſon que vous m'auez enioinct
De donner mon amour, à qui ne la veut point?
Ce conſeil me deplaiſt, ie ne le ſçaurois ſuiure,
Pour le ſeul Alcidor ie veux mourir & viure.
C'eſt celuy dont mon cœur a fàit élection,
Ie n'en veux conſulter que mon affection.

Chançon d'ALCIDOR.

Noir ſéiour de l'horreur tenebreuſes valées
Que du monde & du iour nature a reculées,
Agreable repos des eſprits languiſſants.

Dans l'abiſme d'enfer dont vous eſtes voiſines
Les vengeances diuines
Ont elles rien d'égal aux peines que ie ſens ?
Ie me cache en cette ombre eternellement noire,
Pour fuir des objects qui dedans ma memoire
Entretiennent le mal dont ie ſuis tourmenté
En tous autres endroits ie ne m'en puis diſtraire.
Le ſoleil qui m'éclaire
Y ramentoit touſiours celuy qui m'eſt oſté.
Ceſte ieune merueille, auſſi chaſte que belle
Recompenſoit ma foy d'vne amour mutuelle
De qui le chaſte feu ne s'égaloit qu'au mien
Et qui ſçaura nos vœux à bon droict pourra croire
Que le Ciel à faire gloire
De pouuoir denoüer vn ſi parfaict lien.
Où ſera mon repos en ma douleur profonde ?
A quel Dieu pitoyable aux miſeres du monde
Me plaindray-ie des maux que ie ſouffre en aymant?
Si la meſme Deeſſe à qui la terre donne
La qualité de bonne
Eſt celle qui s'oppoſe à mon contentement?
Comme ſi de mon corps mon ame eſtoit rauie,
Tous mes ſens ont perdu l'vſage de la vie,
Tant la douleur ſur moy fait de puiſſants efforts,
Et celuy qui conduit la troupe froide & s'ombre,
M'en eſtimant du nombre,
Me veut mener tout vif dans le ſeiour des morts
I'entens deſia la voix du iuge inexorable,

H iij

Ie voy desia l'aprest du tourment perdurable
Que pour les malheureux ont les Dieux estably.
Mais le diuin flambeau dont i'adore la flame
A faict que pour mon ame,
La mort est sans repos , & l'enfer sans oubly.

ACTE CINQVIESME.

SCENE TROISIESME.

CLORISE   ALCIDOR.

CLORISE.

IE perds en vain mes pas en ces rochers deserts,
Mes paroles en vain se perdent dans les airs
Ie n'entèns aucun bruit plus le bois est paysible
Et plus sa solitude à mes sens est horrible.
Ces antres tenebreux ne sont point sans danger,
Ie ne voy dans ces champs ny troupeau ny berger,
I'ay perdu mon chemin , ie ne trouue personne
La frayeur me saisit , toute chose m'estonne:
Mes yeux de tous costez percent l'ombre des bois,
Les rochers les plus durs respondent à ma voix;
Et si ie ne voy rien , ny ne puis rien entendre,
Mes pas irresolus ne sçauent ou se rendre.
Ie me confonds au choix de ces chemins diuers,
En cherchant Alcidor moy-mesme ie me perds,

Mais i'entends ce me semble vne voix desolée,
Que le vent me raporte au long de la valée;
Seroit-ce point la sienne, il y faut aller voir.

ALCIDOR.

Qu'est-ce qui dans ce bois me peut aperceuoir;
I'entends quelqu'vn venir ――――― ―

CLORISE.

O bons Dieux! c'est luy-mesme
Le voila de son long tout pensif & tout blesme
Berger quittez ces pleurs, ils sont hors de saison;
Desormais vos souspirs n'auront plus de raison.
Voftre contentement est en voftre puissance
La fortune vous offre vne bonne aliance,
Le pere est consentant, il ne tient plus qu'à vous
Ce sera voftre bien au iugement de tous;
Vous cognoissez la race & le nom d'Ydalie,
Et de quelle richesse est sa maison remplie.

ALCIDOR.

Puis que ie vois le sort m'estre si rigoureux
Il vaut mieux que tout seul ie viue malheureux.
Que de luy faire part des mauuaises fortunes
Qui depuis le berceau m'ont esté si communes.

CLORISE.

Quel sujec auez-vous de vous plaindre du sort.

ALCIDOR.

De ce qu'il ne me donne où la vie ou la mort

CLORISE.

Voudriez-vous par la mort finir voftre martyre,

ALCIDOR.

Ouy si ie suis priué du bien que ie desire.

CLORISE.

Qui vous fait desirer ce que le Ciel deffend ?

ALCIDOR.

Le malheur d'estre esclaue au pouuoir d'vn enfant,

CLORISE.

Aucun n'est prins d'amour s'il ne se laisse prendre,

ALCIDOR.

Mesmes les immortels ne s'en peuuent deffendre.

CLORISE.

La raison de ce mal est le contre-poison.

ALCIDOR.

Depuis qu'il est extreme on n'a plus de raison.

CLORISE.

Le temps seul peut guerir ceste chaude furie

ALCIDOR.

Ny le temps ny la mort ne la rendra querie

CLORISE.

Ne vous lassez vous point de tant de maux soufferts

ALCIDOR.

Mon cœur ne peut auoir de plus aimables fers.

CLORISE.

Il faut qu'vne autre flame enchasse la premiere

ALCIDOR.

Rien ne peut du soleil effacer la lumiere.

CLORISE.

Oubliez oubliez ces foles passions,

Donnez vn autre obiect à vos affections.

ALCIDOR.

Brisons-là ce discours, vostre entreprise est vaine,
Apres auoir aimé la fille de Silene
Ie ne puis moderer vn feu si vehement,
Si ce n'est par la mort ou par l'esloignement,
Il faut pour la quitter que ie quite la France.

CLORISE.

Helas que fera-t'elle en vostre longue absence?
Elle qui ne respire & ne vit que par vous;

ALCIDOR.

Elle esteindra sa flame aux bras d'vn autre espoux,
Qui sera de sa race & de son voisinage.

CLORISE.

Pour le moins rendez-luy le dernier tesmoignage
De vostre affection ————————

ALCIDOR.

Cela ne fera rien
Qu'augmenter à la fois son tourment & le mien.

CLORISE.

Alcidor croyez-moy, voyez cette Bergere
Souuent le bon-heur vient lors que moins on l'espere;
Le Ciel a soin de vous, les Dieux par leur bonté
Vous peuuent redonner ce qu'ils vous ont osté.
L'on a veu surmonter de plus fascheux obstacle
Reuenez auec moy ————————

ALCIDOR.

Combien que sans miracle

Ie ne puiſſe eſperer mon ſalut qu'au treſpas,
Ie ſuiuray donc encor voſtre aduis & vos pas.

ACTE CINQVIESME.

SCENE QVATRIESME.

TISIMANDRE.   YDALIE.

TISIMANDRE.

A La fin ma rebelle a cogneu ma conſtance,
A la fin mes treuaux ont eu leur recompence,
A la fin i'ay faict treue auecque les malheurs,
L'amour dans ſon carquois me preſente des fleurs,
A la fin ma Deeſſe eſt à mes vœux propice
Comme les autres Dieux elle ayme la iuſtice
Et ſçait recompenſer le zele des mortels,
De qui la pieté reuere ſes autels
Allons, mon beau Soleil, le deuoir nous conuie,
D'auoir l'aduis de ceux dont vous tenez la vie.

YDALIE.

Cela ſera facile, il n'en faut point douter,
L'honneur de vous auoir n'eſt point à reietter.

TISIMANDRE.

Allons donc le chercher, ie croy que voſtre pere
Eſt allé voir la nopce au logis de ſon frere.
Mais ne voyez-vous pas quelques gens amaſſez,

Qui desia vers le bourg se sont fort aduancez ?
Ne la seroit-ce point ? —— —— ——

YDALIE.

—— —— —— —— *ils en ont l'aparance*

TISIMANDRE.

D'où leur pouroit venir vn si profond silence ?
Ils n'ont ny violons, ny flutes, ny haubois,
A peine seulement peut-on ouyr leur voix
On n'oit point retentir de chansons d'Hymenée ;
Qui les rend si pensifs à si bonne iournée ?
Ils s'çauancent vers nous, hastons-nous vistement
Nous sçaurons le sujcét de leur estonnement

—— —— —— —— —— —— ——

ACTE CINQVIESME.

SCENE CINQVIESME.

YDALIE. DAMOCLEE. TISIMANDRE. SILENE.
CRISANTE. CLORISE. ARTENICE. ALCIDOR.
CLEANTE. Le vieil ALCIDOR. LVCIDAS.

YDALIE.

Voila celuy, mon pere, à qui ie dois la vie,
Si vous le trouuez bon le deuoir me conuie
De receuoir les vœux de son affection,
Et mettre ma franchise en sa protection

Dans les nœuds eternels d'amour & d'Hymenée.

DAMOCLEE.

Vous y venez trop tard, ma parole est donnée

TISIMANDRE.

Comment ? est-il quelqu'vn enuieux de mon bien
Qui me vouluſt rauir ce que i'ay rendu mien,
Que deuiendroit ma peine & ma perſeuerance
Dont ie n'ay que ſa foy pour toute recompence?

DAMOCLEE.

Elle n'a point pouuoir de vous donner ſa foy,
Puis que ie ſuis ſon pere elle depend de moy
Alcidor eſt celuy que ie veux pour mon gendre.

YDALIE.

Il eſt vray, qu'autrefois i'euſſe peu condecendre
A receuoir l'amant que l'on m'offre auiourd'huy,
Mais n'eſtant plus à moy, ie ne ſuis plus a luy.
Ce Berger teſmoignant ſon amour exceſſiue
En me tirant des fers m'a rendu ſa captiue.

DAMOCLEE.

Vous luy feriez grand tort de l'amuſer à vous,
De la belle Artenice il doit eſtre l'eſpoux
Le Ciel nous le commande, & chacun le ſouhaite

ARTENICE.

Encore qu'on l'ait dit ce n'eſt pas choſe faicte,
Il faut auparauant cognoiſtre ſon amour,
Artenice n'eſt point la conqueſte d'vn iour.
Quand ſes vœux par cinq ans me l'auront teſmoignée,
Comme il a par cinq ans la mienne dedaignée

A l'heure ie verray si ie seray pour luy.

YDALIE.

D'où nous prouient ce trouble autheur de tant d'ennuy
Qui s'oppose au bon-heur où tout le monde aspire ?

SILENE.

La volonté des Dieux qu'on ne peut contredire,
Qui deffend que ma fille espouse vn estranger,
Faictes vn autre amant, laissez moy ce Berger,
Ie tiendray mon bon-heur de vostre courtoisie.

CRISANTE.

Vous ne iouyrez pas à vostre fantaisie
Du desir d'vn Berger amoureux comme il est
Ny du pouuoir d'vn Dieu qui faict ce qui luy plaist.

TISIMANDRE.

Ne pensez plus à moy ; puis qu'en ma propre terre
Les hommes & les Dieux me declarent la guerre,
Ie vois chercher ailleurs ou mon pis ou mon mieux.

ARTENICE.

Et moy dont le malheur est si contagieux,
A quoy me resoudray-ie, où sera ma retraicte,
Toute chose s'oppose à ce que ie souhaite,
N'eust-il pas valu mieux estre morte en naissant,
Et voir mon triste sort finir en commençant,
Que de le voir tousiours trauerser tout le monde?

CRISANTE.

Certes ie ne sçay pas où nostre espoir se fonde,
Ie n'entends que souspirs, ie ne voy que malheurs;

DAMOCLEE.

Peut-estre qu'Alcidor mettra fin à nos pleurs:
Oyons ce qu'il dira le voicy qu'il arriue.

ALCIDOR.

Puis qu'apres tant d'ennuys le desespoir me priue
De l'aise & de l'honneur de viure auecque vous,
Puis que dans vn seiour si fertile & si doux
Ie ne puis asseurer le repos de ma vie,
Auant que vous quitter le deuoir nous conuie
De tesmoigner à tous que iusques au cercueil
Ie vous reste obligé de vostre bon accueil.
Veille le tout puissant, à mes vœux fauorable
Vous payer les biens-faicts dont ie suis redeuable
Puissiez-vous voir sans fin en toutes les saisons
L'abondance & la paix regner en vos maisons.
Et vous chere beauté dont i'adore la flame
Puissiez vous à iamais belle ame de mon ame
Auoir autant de biens & de contentements
Que vostre affection ma cousté de tourments.
Pour moy le seul espoir de mon inquietude
Est de passer ma vie en vne solitude,
Et cacher dans l'horreur de quelque antre secret
Celuy sur qui le iour ne luist plus qu'à regret.
Adieu donc, belle Seine, adieu campagnes vertes,
Complices & tesmoins de mes peines souffertes.

CLORISE.

Est-ce là le suject qui vous a ramené
Voulez-vous donc tousiours demeurer obstine.

Ny prieres ny pleurs n'ont-ils point de puissance?
Auez-vous resolu d'abandonner la France?
Où tout le monde a soin de vostre auancement?

ALCIDOR.

Y sauroy-ie trouuer aucun contentement;
Et voir tousiours l'obiect qui trauerse ma vie?

CLORISE.

Pour le moins Alcidor contentez nostre enuie,
De demeurer encore vne heure auecque nous

ALCIDOR.

Cela ne seruiroit qu'à vous affliger tous,

CRISANTE.

Au contraire, Alcidor, c'est de vostre presence
Que nos maux esperoient d'auoir leur alegeance.

ALCIDOR.

D'vn esprit accablé de mortelles douleurs
Qu'en pouuez-vous auoir que des cris & des pleurs.

ARTENICE.

Si iamais i'eu pouuoir dessus vostre courage
Rendez-m'en auiourd'huy le dernier tesmoignage
Donnez moy seulement ce qui reste du iour;

ALCIDOR.

Ie ne puis resister au pouuoir de l'amour,
Il vous faut obeyr, ô ma belle Deesse,
Pour la derniere fois vous serez ma maistresse.

CRISANTE.

A la fin nous l'aurons, ce cœur de diamant
Aux l'armes d'Artenice à quelque sentiment.

Il faut tout à loisir, tascher de faire en sorte,
De diuertir ailleurs ce feu qui le transporte!

Le vieil ALCIDOR.

En quel endroit, mon fils, auez-vous tant esté?
Que fistes vous alors que vous m'eustes quitté?

ALCIDOR.

Las! pardonnez, mon pere, à l'ennuy qui m'outrage,
Si i'offre à vostre abord vn si triste visage.

Le vieil ALCIDOR.

Quant à moy desormais ie braue le maleur
L'aise de vous reuoir a finy ma douleur,
Quelque sujet de pleurs que le destin m'enuoye
Ie ne verseray plus que des larmes de ioye.

CLEANTE.

C'est à vostre vieillesse vn agreable appuy
Que l'amitié d'vn fils vertueux comme luy
De quelque excez d'amour dont vous soyez capable,
Vous ne sçauriez l'aymer autant qu'il est aymable.

Le vieil ALCIDOR.

Ce n'est point mon enfant, mon bon heur la trouué
Et mon affection la tousiours esleué,
Depuis que son berceau luy seruant de nacelle,
En le sauuant des flots le mist soubs ma tutelle.

DAMOCLEE.

Comment ce fist cela, quel sinistre destin
L'auoit mis en naissant si proche de sa fin.

Le vieil ALCIDOR.

Ie ne le puis sçauoir, les eaux Doise & de Seine

Disputaut

Difputant ce butin faifoient que de la plaine,
Ie ne peux mefme voir qui des deux l'aportoit,
Ie m'approchay du bord, lors qu'encore il flotoit
Où ces ieunes attraits me donnerent enuie
De le porter chez moy pour luy fauuer la vie,
Et ma femme dés lors qui l'ayma comme fien;
Ne fçachant point fon nom le fift nommer du mien.

DAMOCLEE.

En quel temps fut cela ?——————

Le vieil ALCIDOR.

　　　　Ce fut l'an que la France
Se vit couuerte d'eau en fi grande abondance,
Depuis ce iour fatal les moiffons de Ceres
Ont par dix & neuf fois redoré nos guerets.

DAMOCLEE.

Las ie perdis alors par la fureur de l'onde
Daphnis, qui ne faifoit que de venir au monde;
Ie pleure quand i'y penfe, il m'en fouuient toufiours
Ce fleuue à gros bouillons debordant de fon cours
Rempliffoit de terreur les campagnes voifines
Mes troupeaux effroyez gaignerent les colines,
Et le petit Daphnis encor dans le berceau
Demeura dans ma lôge à la mercy de l'eau
Trois fois pour le fauuer ie me mis à la nage
Mais vn torrent rapide eftoit dans mon paffage,
Qui rauageant l'efpoir des couftaux les plus verts
Precipitoit fon cours dans leurs flancs entrouuerts.
Couuroit les champs voifins de cailloux & d'arene

I

Et payoit en grondant son tribut à la Seine
Dans le milieu de l'eau les vagues m'offusquoient,
La peur me saisissoit, les forces me manquoient
De ma temerité les ondes se courroussent,
Et malgré mes efforts par trois fois me repoussent.
La Seine cependant estant ses larges eaux
Pour rassembler en vn tous les petits ruisseaux,
Ie regarde en pitié ma maison assiegée
Soustenir les efforts d'vne vague enragée;
Et desia la fureur dont elle la battoit
Faisoit monter l'escume aussi haut que le toit;
En fin de toutes parts la tempeste bouillonne,
La charpante gemit, la muraille s'estonne
L'vn s'esleue sur l'eau, l'autre fond au dessous
Ie perds en ce malheur la parole & le poux,
Quand ie vis mon enfant dans le millieu des ondes
Errer à la mercy des poudres vagabondes
Tant que ie le peux voir ie le suiuis des yeux,
Et puis ie le remis en la garde des Dieux.
Ne seroit-ce point luy qui tient de vous la vie?
Recognoissez le bien, chacun vous en conuie.
Quelle marque auoit-il, lors qu'il fut abordé?

Le vieil ALCIDOR.

Voila son bracelet que i'ay tousiours gardé.

DAMOCLEE.

C'est celuy qu'il auoit, ô merueille du monde?
Mon enfant est sauué de la rage de l'onde,
Venerable Vieillard, helas! que feront-nous

Pour vous rendre le bien que l'on reçoit de vous ?

SILENE.

A la fin tout le monde aura ce qu'il souhaite,
La volonté des Dieux est par vous satisfaicte,
Ce Berger est celuy que la Deesse entend
Du bon-heur de mon frere vn chacun est content,
En luy donnant vn fils vous me donnez vn gendre
La Bergere Ydalie aura son Tisimandre,
Et ma fille celuy que par eslection
Le destin reseruoit à son affection.

ALCIDOR.

Que ie luy dois d'autels du bon-heur qu'il m'enuoye.

ARTENICE.

Que de biens à la fois ! —————————————

YDALIE.

————————————— *Dieux ! que i'en ay de ioye !*

TISIMANDRE.

Vieillard de qui nos maux ont leur soulagement,
Dieu vous peut-il combler d'aucun contentement
Qui ne soit au dessous de ceux qu'on vous desire ?

ALCIDOR.

Apres tant de faueurs ! que vous sçaurois-je dire
A vous par qui ie suis comblé d'aise & d'honneur,
Et par qui le destin auec tant de bon-heur,
Pour la seconde fois me redonne la vie?
Dans l'excez des plaisirs dont mon ame est rauie
Ie ne penseray plus à mon tourment passé
Que pour benir les Dieux qui l'ont recompensé.

I ij

SILENE.

Allons donc chers enfans sauourer les delices
Dont l'amour satisfaict vos fideles seruices;
Et nous autres Vieillards amoureux du repos
Allons vuider en rond les verres & les pots
Le Ciel de toutes parts nous met en asseurance,
Il faut mon frere encor après cette alliance
Pour ioindre de nos cœurs l'estroicte liaison,
Faire de nos maisons vne seule maison
Nous y verrons vn iour nos gendres & nos filles
Dans vn mesme foyer éleuer leurs familles
Et vous sages Vieillards y viendrez auec nous
Prendre part au repos que nous tenons de vous.

ALCIDOR.

Dieux! que ie dois de grace aux bonnes destinées
Qui comblent de tant d'heur la fin de mes années.

TISIMANDRE.

Mais pourquoy, Lucidas vient-il si promptement?
Voudroit-il point encor par quelque enchantement
S'oposer aux douceurs du bon-heur où nous sommes?

LVCIDAS.

Belles qui possedez la merueille des hommes
Et vous ieunes amants que i'ay tant trauersez,
Ne m'accusez pas seul de mes crimes passez,
Vous en voyez l'autheur dans les yeux d'Artenice.

DAMOCLEE.

Laissez-nous en repos esprit plain d'artifice,
Vous offensez encor ces deux couples d'amants

En retardant l'effect de leurs contentements
La nuict viendra bien tost mettre fin à leurs peines,
Les ombres des coustaux s'alongent dans les plaines
Desia de toutes parts les laboureurs lassez
Trainent deuers les bourgs leurs coutres renuersez.
Les Bergers ont desia leurs brebis ramenées
Le soleil ne luit plus qu'au haut des cheminées
Voicy le temps Berger qu'il se faut depescher
De iouyr des plaisirs qui vous coustent si cher.

LVCIDAS.

Et moy seul resteray-ie en proye à la tristesse
Passeray-ie sans fruict la fleur de ma ieunesse?
Que me seruent ces biens dont en toute saison
Le voisin enuieux voit combler ma maison.
Que me sert que mes bleds soient l'honneur des cãpagnes,
Que les vins à ruisseaux me coulent des montagnes,
N'y que me sert de voir les meilleurs menagers
Admirer mes jardins, mes parcs & mes vergers
Où les arbres plantez d'vne égale distance
Ne perissent iamais que dessous l'abondance
Ce n'est point en cella qu'est le contentement
Tout ce change icy bas de moment en moment,
Qui le pense trouuer aux richesses du monde
Bastist dessus le sable, ou graue dessus l'onde.
Ce n'est qu'vn peu de vent que l'heur du genre humain
Ce qu'on est auiourd'huy l'on ne l'est pas demain.
Rien n'est stable qu'au ciel, le temps & la fortune
Regnent absolument au dessous de la Lune.

EPITHALAME.

CVeillez amants le fruict de vos seruices,
  Que dans vos cœurs la ioye & les delices
      Reuiennent à leur tour ;
Et que l'ardeur dont vostre ame est saisie
Face brusler le Ciel de ialousie
      Et la terre d'amour.
Des champs ingrats naissent les pierres fines,
Les belles fleurs s'engendrent des espines
      Et les perles des pleurs ;
Les plus beaux iours succedent aux orages,
On ne voit point de soleil sans ombrages.
      Ny de biens sans douleurs.
Voicy la nuict si long temps differée,
Qui vient alors qu'elle est moins esperée
      Accomplir nos desirs ;
Tesmoignez-y que toutes ces tempestes
En augmentant l'honneur de vos conquestes
      Augmentent vos plaisirs.
Ne craignez point que pour vous y deplaire
Quelque importun vos actions éclaire
      D'vn soin trop curieux ;
Le saint himen qui vous met dans la lice
Ny laissera ny tesmoin ny complice
      Qu'vn Dieu qui n'a point d'yeux.

L'obſcurité vous oſtera de crainte,
C'eſt où vos veux iouyront ſans contrainte
　　　Du loyer de leur foy.
Cache-toy donc vnique feu du monde,
Eſteint le iour, & remporte dans londe
　　　La honte auecque toy.
Ne ſouffre point que ta flame importune
S'oppoſe tant à la bonne fortune
　　　De deux autres ſoleils ;
Haſte ton cours, la raiſon t'en conuie
Où l'on dira que tu portes enuie
　　　A l'heur de tes pareils.

EGLOGVE.

M Iſerable troupeau qui durant la froidur
　　Voy ces champs ſans moiſſon, & ces prez ſans ver-
Sçache que pour iamais l'eſpoir nous eſt oſté,　　(dure,
D'auoir en ce climat de Printemps ny d'Eſté.
L'aſtre par qui les fleurs emailloient les campagnes
Par qui le ſerpoulet perfumoit les montagnes,
Et par qui finiſſoit ceſte froide ſaiſon
A porté ſa lumiere en vn autre oriſon.
Et dans ces triſtes lieux n'en reſte aucune flame
Que celle que l'amour en conſerue en mon ame.
Combien en ce malheur ie benirois les Cieux
Si quand leur tyrannie éloigna de mes yeux

Celle dont la presence est mon heur & ma gloire,
Ils eussent de mon ame esloigné sa memoire
Soit que le iour renaisse au sommet des rochers
Et commence à dorer la pointe des clochers,
Où soit que dans les eaux sa lumiere finisse
Ie ne pense iamais qu'aux beautez d'Artenice,
Quand les plus douces nuicts assoupissent les corps,
Et font que les viuants sont semblables aux morts
Que toutes les couleurs sont reduites en vne,
Mon esprit deliuré de la foule importune,
Se forme sa figure aussi belle qu'elle est;
Lors qu'en ne voyant rien, il voit ce qui luy plaist
Et par les mesmes vœux dont ie l'ay reclamée
Adore ceste image en mon ame imprimée,
Pourquoy n'vsez-vous pas adorable soleil
Des flames de vos yeux comme vostre pareil.
Lors qu'il nous quitte au soir il remporte dans londe
Les rayons eternels dont il esclaire au monde
Et souffre que les corps & les esprits lassez
Accordent le repos à leurs trauaux passez.
Mais en quelque climat ou le Ciel vous emmeine
Ie ne trouue iamais de relasche à ma peine,
Dieux que ma passion a de temerité
Que les conseils d'amour sont plains de vanité,
De m'adresser à vous dont la race diuine
Du sang mesme de Pan a prins son origine,
Et de qui les apas trop chastement gardez
Par le seul Alcidor ont esté possedez,

Celuy de qui la mort fi digne de la vie
Fift moins aux braues cœurs de pitié que d'enuie,
Et que l'on eftimoit tant qu'il fut parmy nous
Le falut des troupeaux & la terreur des loups.
Ay-ie des qualitez qui ne femblent petites;
Lors que ie les compare à ces moindres merites,
Il le faut auoüer auecque verité,
Il me paffoit en tout fors en fidelité,
Mais cela ne m'eft pas vne grande loüange
A quelle autre beauté pourrois-ie aller au change,
Quelle autre à des apas plus charmants & plus doux,
Où quelle autre à l'efprit plus aymable que vous.
Certes, bien que ma foy n'euft iamais de feconde
Qu'elle foit comme vous la merueille du monde,
N'eft-ce pas eftre iniufte au pris de vos beautez,
De croire vous aymer comme vous meritez,
Pour moy toutes les fois que ie penfe aux merueilles,
Dont voftre bel efprit rauiffoit mes oreilles,
Ou que ie me fouuiens des aymables apas
En qui mes yeux trouuoient la vie & le trefpas.
Repaffant à loifir en ma trifte memoire
Ce bien-heureux eftat du comble de ma gloire.
En ce grand changement ie recognois affez
Que les plus doux plaifirs font les pluftoft paffez.
Lors que ie me retrouue en ces belles demeures
Où les iours les plus longs ne fembloient que des heures
Cela ne fert de rien qu'à me ramenteuoir
Que ie ny verray plus ce que i'y foulois voir.

Cét agreable pré , cette fertile plaine
Qui paroient à l'enuy les riues de la Seine
Ces jardins ou la grace eʃtalloit ʃes apas
Alors que tant de fleurs y naiʃʃoient ʃoubs vos pas,
Tous ces lieux ou l'amour plain d'atraits & de flames
Donnoit par vous ʃes loix à tant de belles ames,
Et tout ce qu'à Paris de plus delicieux
Eʃt ce qui maintenant m'eʃt le plus ennuyeux,
Plus triʃte & plus chagrin que le temps ou nous ʃommes
I'euite également l'abort de tous les hommes.
Les lieux les plus deʃerts me ʃemblent les plus doux,
Ie ne veux entretien que de penʃer en vous
Soit que ie m'areʃte aux graces naturelles,
Qui vous font eʃtimer vn miracle des belles,
Celles dont vous marchez , celles dont vous parlez
De combien de douceurs vos refus ʃont meʃlez,
Où que penʃant plus haut ma raiʃon eʃtonnée,
Admire les beautez dont voʃtre ame eʃt ornée,
Ie ny trouue qu'apaʃts dont mon cœur ʃe repaiʃt,
Meʃme de vos rigueurs le ʃouuenir me plaiʃt
Combien i'ay deʃiré bel aʃtre que i'adore
De payer le bon heur , de vous reuoir encore
Des maux les plus cruels , & les plus rigoureux
Dont amour puiʃʃe rendre vn eʃprit malheureux,
Qu'alors que tous mes ʃoins taʃcheront de vous plaire
Vous ne me puiʃiez voir ʃans haine ou ʃans colere,
Qu'aucun de mes deʃʃeins ne puiʃʃe reüʃir
Que iamais voʃtre cœur ne ʃe veille adoucir.

Qui me refuse tout, pourueu que ie vous voye,
Ie penseray iouyr du comble de ma ioye;
Ainsi parloit Arcas durant cette saison
Qui retient au foyer tout le monde en prison.
Pleignant moins toutefois en ce commun suplice
L'absence du beau temps que celle d'Artenice.

F I N.

Extraict du Priuilege du Roy.

PAr grace & Priuilege du Roy, il est permis à
Messire HONORAT DE BVEIL, Cheualier
sieur de Raccan, de faire imprimer par tel Libraire
& Imprimeur qu'il aduisera bon estre, *Ses Oeuures*
Poëtiques & Pastorelles,& defences sont faites à tous
Libraires, Imprimeurs & autres de ce Royaume, de
les imprimer, ou faire imprimer, vendre & distri-
buer, sans le consentement du Libraire qu'il aura
choisi, pendant le temps & espace de dix ans, à peine de confiscation des exemplaires contrefaits, d'a-
mende arbitraire, & de tous ses despens, domma-
ges, & interests: Ainsi que plus amplement est con-
tenu esdites Lettres de Priuilege. Données à Paris
le huictiesme iour d'Auril 1625.

Par le Roy en son Conseil,
Signé   DV IARDIN.

ET le dit sieur de Raccan a ceddé, quitté & transporté à Toussainct du Bray, Marchand Librairie Iuré à Paris, tout le droit qu'il a au susdit Priuilege, pour en iouyr le temps porté par iceluy : Ainsi qu'ils ont accordé entre eux, ce 8. iour de May, 1625.

Table des erreurs qui se sont escoulées en ces Bergeries.

Pages.	Vers.	Erreurs.	Corrections.
4	3	counerts	couuert
3	19	iouïc	iouist
5	20	auoir	d'auoir
5	27		me
23	12	le	la
61	4	finneux	finueux
61	10	qui nôme	d'vn hymē
61	17	diftes	viftes
79	7	nous	vous
80	13	front	tronc
80	17	efgale	egaflé
82	2	pu	peu
95	2	nous	vous
104	4	feans	fans
113	2	reduire	feduire

Pages.	Vers.	Erreurs.	Corrections.
9	28	graues	grauer
11	12	plaintes	plaifirs
11	16	nous	la
18	6	&	ni
25	10	encore	eſt encore
27	11	derniers eſpoirs	dernier eſpoir
32	12	eſt	
33	24	qennuis	ennuis que
59	7	feux	fûs
62	5	meint	maint
65	5	viſt	vit
70	7	conduit	conduite
75	4	aygriſt	aigry
77	18	rang	ſang
79	7	nous	vous
79	11	puiſſante	preſente
89	3	ſens	ſang
93	18	A Adieux	AHdieux
93	19	ma	la
97	3	deſiré	deſire
106	25	pouuez	pourres
117	14	faire	fait
118	8	le	ce
122	15	le	les
126	7	nous	me
128	21	puis	pît
132	11	ſages viellards	ſage vieillard
138	13	ſoit que ie ma- rette	& ſoit que ie mareſte

Voicy quelques vers qui pour auoir esté en-
uoyez trop tard, n'ont sceu estre
corrigez sur la presse.

En la page 43. vers 14. & 15. lisez
Ou sage ames depends ie veux à l'aduenir
Au seul amour des Dieux mes volontez vnir.
En la page 44. vers 13. lisez
Adieu pauures brebis que i'ay tant delaißées.
En la page 78. vers 4. & 5. lisez
Non sans quelque raison le print pour vn mensonge,
Estimant qu'à dessein ie l'auois inuenté.
En la page 94. vers 13. lisez
Que ie suis courageux autant comme fidele.
En la page 115. vers 20. lisez
Miserable Artenice ou sera ton support
En la page 128. vers 1. & 2. lisez
Il nous faut essayer par vne amour plus forte
De luy faire changer celle qui le transporte.

$3 + 81 f$